走向世界的中国文明丛书

汉字

丛书主编◎邹登顺

杨天奇◎著

西南师范大学出版社
国家一级出版社 全国百佳图书出版单位

图书在版编目（CIP）数据

汉字 / 杨天奇著. — 重庆 ：西南师范大学出版社，2017.10

（走向世界的中国文明丛书）

ISBN 978-7-5621-9033-2

Ⅰ. ①汉… Ⅱ. ①杨… Ⅲ. ①汉字－文化－中国 Ⅳ. ①H12

中国版本图书馆 CIP 数据核字（2017）第 249081 号

走向世界的中国文明丛书

汉 字

HANZI

杨天奇 著

责任编辑：张昊越
出版策划：双安文化
封面设计：仅仅视觉
出版发行：西南师范大学出版社
地址：重庆市北碚区天生路 2 号
邮编：400715
http://www.xscbs.com
经　　销：全国新华书店
印　　刷：重庆荟文印务有限公司
开　　本：720mm × 1030mm 1/16
印　　张：11
字　　数：200 千字
版　　次：2018 年 1 月 第 1 版
印　　次：2018 年 1 月 第 1 次印刷
书　　号：ISBN 978-7-5621-9033-2

定　　价：36.00 元

致读者

倡导“新史学”的梁启超在评述中国文明发展一脉相承、生生不息的同时，从文化交融发展角度指出了中国文明发展的道路：中国之中国、亚洲之中国、世界之中国三阶段。梁氏“三阶段说”独具慧眼，表明中国文明独创之后，走向亚洲，走向世界，与此同时也在拥抱亚洲其他文明和世界文明。中国与世界互为视角，既要坚持“和而不同”，“道并行而不相悖”的智慧，又要有更大视野，考察中国文明不能脱离世界文明的格局，中国文明也对世界有独特价值，并以其独特的方式影响人类文明的发展，做出了应有的贡献。安田朴《中国文化西传欧洲史》如数家珍地介绍，西方魁奈和杜尔哥的重农学派受中国重农风尚影响，古老的冶炼术成就了西方最大的金属工业的基础，中式园林影响西方王府公园，西方眼中的中国式样“开明政治”成为其“理想模式”……凡此都表明 18 世纪西方“中国热”时，中国文明对西方文明的贡献有力焉。历史上，中国文明向亚洲、欧洲输送了许多发明和思想。从世界范围的历史和现状来看，文明程度之所以如此，中国人民的贡献颇多。中国文明除直接被其他文明吸收外，还包括有美国汉学家史景迁《文化类同与文化利用》书名所示的状况——类同和利用：不同文明从对方那里吸取有益成分，充实其文明甚至成为其文明发展的新鲜血液。由于历史原因，自西方工业革命以后，以科技为代表的文明成就日新，非西方国家和民族都争先恐后地学习西方、模仿西方，于是西化之声盈耳，响彻全球。中国近代以来的西化主流呼声一浪高过一浪，激进成时尚，文化交流渐变成西学东渐，东学西渐虽未绝却细细如缕。时至今日，中国如何走向世界，中国文明如何走向世界，依然是有识之士忧思的大问题。

中国文明走向世界，最基本的意思是从文明交流角度看中国文明如何影响亚欧美非等文明，以及世界文明中的中国形象。除此基本意义外，还有两层意思。首先从反思现代性、后现代性角度看，中国文明具有独特的价值。一脉相承延绵5000多年的文明积淀，不仅为中华民族发展壮大提供了丰厚滋养，而且有独特的普世价值，诸如“天人合一”，即人与自然和谐的观念可以弥补现代化征服自然之偏执。再次就是，中国文明走向世界意味着顺应时代潮流，睁开眼睛看世界，主动去交流，广泛参与世界文明对话，促进文化相互借鉴，逐步改变西方国家对于中国文化的片面认知与刻板印象，树立新形象。这是中华复兴所需的使命所在，也是国家民族文化安全的重要组成部分。我们必须清醒认识到，把中国文化介绍出去为他国认知，是十分困难的事，必须有长期打算，正如季羡林先生为《东学西渐丛书》写序时说：“想介绍中国文化让外国人能懂，实在是一个异常艰巨的任务，对于这一点我们必须头脑清醒。”

重庆双安文化传播公司和西南师范大学出版社出于文化使命感，思索中国文明如何走向世界。中国文明走向世界不仅要总结已有交流史、中国文化形象的得失，更应该从现代性、后现代性角度厘清文明家底，在这样的基础上谈论中国文明走向世界之事才有真实价值。为此策划了《走向世界的中国文明丛书》，涵盖中国对世界其他文明产生了深远影响的诸多内容，如戏曲、造纸术、丝绸、剪纸、中医、古琴、国画、饮食、印刷术、造船、武术、瓷器、灯谜、玉器、园林艺术等。

中国如何走向世界？中国文明如何走向世界？学人责无旁贷，任重道远，共襄其事，是为序。

邹登顺

（重庆师范大学历史与社会学院副教授、重庆市重点社科基地“三峡社会发展与文化研究院”文化遗产研究所所长）

前　言

二十世纪初，汉字曾以一个“戴罪之身”进入国人的视野。

面对当时积贫积弱的现状，民国清流、著名思想家钱玄同曾在《中国今后文字问题》中公然讲道：“欲使中国不亡，欲使中国民族为二十世纪文明之民族，必废以孔学，灭道教为根本之解决；而废记载孔门学说及道教妖言之汉文，尤为根本解决之根本解决。”钱玄同主张废除汉字，其主要原因是认为汉字是旧学说、旧道德之载体。而我们熟知的北大校长、著名教育学家蔡元培也赞成这个石破天惊的观点，认为：“汉字既然不能不改革，尽可直接地改用拉丁字母了。”文化先锋鲁迅当然也毫不示弱，积极响应“方块字真是愚民政策的利器……汉字也是中国劳苦大众身上的一个结核，病菌都潜伏在里面，倘不首先除去它，结果只有自己死”，以为“汉字不灭，中国必亡”！语言学家吕叔湘则认为“现在通行的老宋体，实在丑得可以，倒是外国印书的a，b，c，d，有时候还倒真有很美的字体呢”。随后的日子里，古老的中国大地内忧外患进一步加深，战乱频仍，生灵涂炭，中华民族诚然到了亡国灭种的地步。

然而，在那个朝不保夕的年代，汉字却没有被炮火击垮，反倒“任劳任怨”，以一个“戴罪之身”默默前行着……

《吕氏春秋》载：“桀将亡，太史令终古执其图书而奔于商。”即便夏灭亡，但太史公们执其图书而奔于商，将记有夏文字的文献保留了下来，这一点很不同于两河流域的苏美尔人，也不同于古埃及和古巴比伦王朝。综观世界上所有的古文字，之所以不知其所终，大多都与外族入侵、朝代更迭有关。中国五千年的历史上，经历了无数改朝换代和民族斗争，特别是近百年来以废除或取代汉字为目标的“汉字拉丁化”运动，使汉字经受了严峻考验。然汉字虽历经沧桑，却依旧表现出强大的生命力，这不能不说是世界文化史上的一大奇迹。

“汉字兴，国运兴。”汉字在一定意义上就是中华文明的生命。正是有了汉字，中华文明才得以数千年薪火相传，才得以不断地传播到全世界继而影响人类历史的进步与发展。毋庸讳言，汉字是中华民族文化的根基与精魂。在大小不一的龟甲兽骨上、形形色色的古老石器上、锈迹斑斑的青铜器皿上，那遒劲有力的一横一竖、一撇一捺，无不向世人彰显着中华文明的深刻与厚重。汉字雕琢了泱泱中华的每一个角落，也写进了每个中国人的内心深处。杰出的社会活动家、著名爱国人士、香港知名实业家、著名语言文字学家安子介先生就曾深刻指出：“汉字是中国对人类文明的一大贡献……汉字是中国的一大发明，其意义和价值不在自然科学四大发明之下。”

语言文字是民族文化的载体。我们今天讲“文化自信”，就必须从发扬汉字做起。举个最简单的例子，许多热衷于学习汉语的老外都会问到一个常识性的问题：“你们中国人为什么管购物叫‘买东西’而不叫‘买南北’？”这个问题看似幼稚可笑，但要想回答清楚，还得从悠久的历史文化中去找答案。汉字寄寓了中国先民对于宇宙自然、万事万物的深刻体悟，并以其强大的表意功能，暗藏了任何现存其他文字所无法比拟的文化信息。因此，写作此书的过程也是异常艰辛。尤其关于此书的参考资料，实在不胜枚举，只能用“浩瀚无垠”一词来形容。几年来浏览先贤与时贤的学术论著颇多，有不少故事还是从民间巷议采集得来，故许多文献的确不能一一列举，在此谨铭谢意。

本书从汉字与中华文化的关系入手，系统介绍了汉字的起源、构型、演变，重点讨论了汉字与古代政治、社会风俗、伦理道德、日常生活等相关的问题，内容上苛求科学严谨的同时，尽力发掘其中的趣味性和生动性，以期把枯燥乏味的汉字知识用通俗的、大众的方式呈现给广大读者。

至于本书疏漏舛误，定是不免，亦祈匡正，是祷！

杨天奇，同济大学文学硕士，山东大学文艺美学研究中心博士。20世纪80年代末生于书香世家，自幼承严父训导，勤于研习中国传统文化。已在《东岳论丛》《华夏文化》《中外文艺》《中国书法》等期刊发表学术论文、文化随笔数十篇，著有《康有为文化政治诗学》等。

目　录

第一编　众说纷纭的汉字起源

汉字是一种表意文字，“言者意之声，书者言之记”，它和世界上的其他文字一样，也将“表意”和“表音”结合了起来，成为中国人最重要的交流工具。汉字是中国人最重要的发明之一，其影响力远不在“四大发明”之下。它不仅是世界上最古老的文字之一，也是世界上使用人口最多的一种文字。世界上最古老的文字还有美索不达米亚地区（即伊拉克）的楔形文字，古埃及的圣书字和玛雅人的图形文字。但是，美索不达米亚地区的楔形文字在公元前 300 多年就同波斯帝国一起灭亡了，它的寿命不到 3000 年。埃及的圣书字产生于公元前 3000 年前后，到公元前 4 世纪便销声匿迹，因此它的寿命也不足 3000 年。至于善于预言的玛雅人的图形文字，在 16 世纪就被西班牙的入侵者毁灭了，这种文字前后只存活了 1000 多年。中国人的汉字距今已有近 6000 年的历史，它的产生年代之久、延续时间之长、使用人口之多，不能不说是世界文明中的一大奇迹。

一、汉字源于结绳记事

关于汉字的起源，历来众说纷纭，“结绳记事”则是其中的一种说法。著名学者朱宗莱在《文字学形义篇》中讲道：“文字之作，肇始于结绳。”其实，在中华人民共和国成立之初，我国国内的许多偏远地区仍旧在采用结绳记事这一方法。关于结绳记事的说法，在许多古籍资料中也可以找到依据。《周易·系辞下》曰：“上古结绳而治，后世圣人易之以书契，百官以治，万民以察。”对于这句话，在《周易集解》中有更进一步的阐释：“古者无文字，其有约誓之事，事大，大其绳，事小，小其绳。结之多少，随物众寡，各执以相考，亦足以相治也。”意思就是说，大家遇到了大事，就拿根绳子结个大圈儿；遇到了小事，就迅速结个小圈儿。当然，不少人会发问，为什么偏偏要用绳子记事呢，其余的东西为什么不能呢？

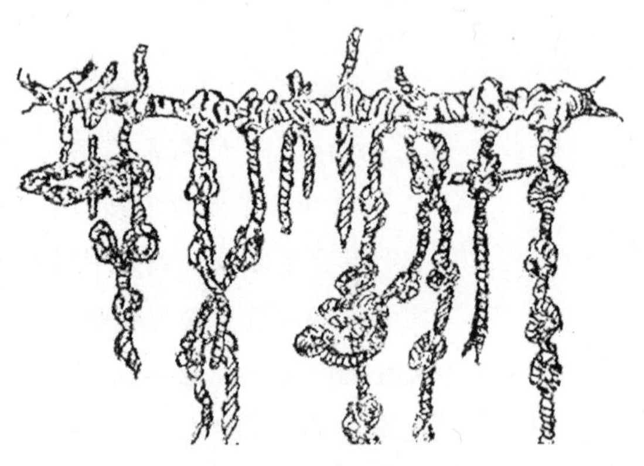

结绳记事（计数）是被原始先民广泛使用的记录方式之一

说到绳子，这个在今天看来并不起眼的玩意儿，却是一件具有划时代意义的、了不起的大发明。上古时期，人类的头等大事就是生存，而生存的首要前提是要有充足的食物，试想如果没有绳子，先民们如何捕获野兽，如何对其进行拴养，如何驯服它们呢？此外，绳子可以帮助人们遮羞蔽体，可

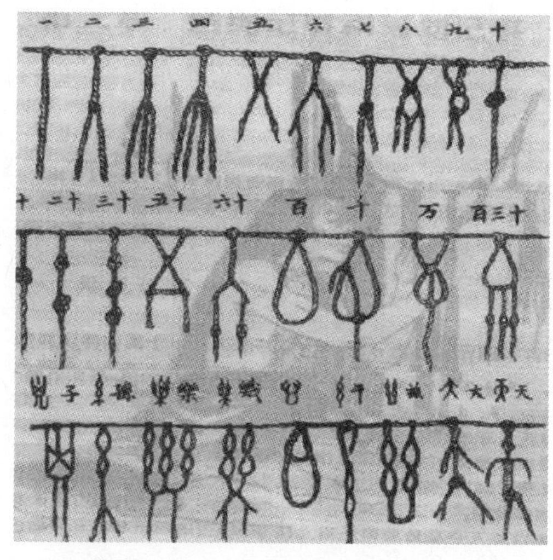

《老子》中亦有“使民复结绳而用之”的说法

以帮助人们捆绑战俘，它在日常生活中的广泛应用，使其理所当然地成为人类记事的首选。《庄子・胠箧篇》中也记载了上古时期先民们结绳记事的这一做法：“子独不知至德之世乎？昔者容成氏、大庭氏、伯皇氏、中央氏、栗陆氏、骊畜氏、轩辕氏、赫胥氏、尊卢氏、祝融氏、伏牺氏、神农氏；当是时也，民结绳而用之。”许慎在《说文解字》中亦讲到了“神农氏结绳为治而统其事”的说法。在商周金文中，“十”“卅”“廿”等字都有着很明显的结绳烙印。《释名・释天》：“己，纪也，皆有定形，可纪识也。”从“己”这个字可以看出它的产生和绳子有关。清代的朱骏声在《说文通训定声》中写道：“己即纪之本字，古文像别丝之形，三横二纵，丝相别也。”在清代文字学、语言学大师朱骏声看来，“己”这个字就是三横二纵的“别丝之形”。再如，“世”这个字，有不少人认为“世”就是“卅”这个字的变形，许慎在《说文解字》中写道：世，“三十年为一世”。由此可见，古人有可能在记录时隔三十年发生一次的事时，就用绳子打一个“世”的记号。有关结绳记事的正史记载，可在《北史・魏本纪》中找到详细的依据：“魏之先，出自黄帝轩辕氏。黄帝子曰昌意，昌意之少子，受封北国，有大鲜卑山，因以为号。其后世为君长，统幽都之北，广漠之野，畜牧迁徙，射猎为业，淳朴为俗，简易为化，不为文字，刻木结绳而已。时事远近，人相传授，如史官之纪录焉。”北魏鲜卑族为了提高自己的身价，巩固自己在中原的统治地位，把鲜卑族也说成是黄帝的后代，由于他们在中原以北的草原长期过着以畜牧、射猎为业的游牧生活，不得不用“刻木结绳”这类简易的方式来做记录。可以说，这种结绳记事的方法在相当长时期内对鲜卑部落产生了十分深远的影响，它甚至替代了中原“史官之纪录”的作用，以致当时鲜卑族的远近时事都需要结绳来记事。

根据人类学家和民俗学家的考察，在古代埃及、古代波斯都有过结绳记事的习惯。甚至在近代美洲、澳洲、非洲的土人中，以及我国的许多少数民族如藏族、独龙族、高山族中都保留了结绳记事的风俗。然而，随着人类生产生活范围的不断扩大，“结绳”这种粗俗、模糊的记录方式显然不能满足现代生活的需要，用数量庞大的绳子去记录复杂事件的行为绝对是不可行的。为了满足人类精准的表情达意的需要，结绳记事不得不淡出历史的舞台。当然，研究远古先民结绳记事的这一做法，不仅可以为我们搞清文字起源提供更多可靠的依据，还能够为我们研究早期人类文化史尤其是远古文化形态给予更多宝贵的素材。

二、伏羲作八卦、造书契

为了记事的准确、方便，伏羲在结绳记事的基础上，开始“画八卦、造书契”。有关伏羲的这一举措，《史记》中有详细的记载：“太昊德合上下，天应以鸟兽文章，地应以龙马负图，于是仰观象于天，俯观法于地，中观万物之宜，始画八卦。卦有三爻，因而重之，为卦六十有四，以通神明之德。作书契，以代结绳之政。书制有六，一曰象形；二曰假借；三曰指事；四曰会意；五曰转注；六曰谐声。使天下义理必归文字，天下文字必归六书。”伏羲的八卦被后人看作是“德合上下”的壮举。《三国志・魏志・高贵乡公传》：“包羲因燧皇之图而制八卦，神农演之为六十四，黄帝、尧、舜通其变，三代随时，质文各繇其事，故易者，变易也。”后来“八卦”历经夏、商、周三代，至文王演绎而形成了完整有序的六十四卦，以及包括易经和易传的《周易》。

《易》曰：“易有太极，是生两仪，两仪生四象，四象生八卦。”阴阳八卦学说是中国古代思想的精华。八卦用“⚊”代表阳，用“⚋”代表阴，用卦来表示大自然的阴阳变化和万事万物。所以，每一卦形都代表一定的事物，乾代表天，坤代表地，震代表雷，巽代表风，坎代表水，离代表火，艮代表山，兑代表泽。易卦的这种符号很具表象功能，所以到了后来，每个卦象都不仅代表一个事物，如：

卦名	自然	特性	家人	肢体	动物	方位	季节	阴阳	五行	五脏
乾	天	健	父	首	马	西北	秋冬间	阳	金	大肠
兑	泽	说	少女	口	羊	西	秋	阴	金	肺
离	火	丽	中女	目	雉	南	夏	阴	火	心
震	雷	动	长男	足	龙	东	春	阳	木	肝

续表

卦名	自然	特性	家人	肢体	动物	方位	季节	阴阳	五行	五脏
巽	风	入	长女	股	鸡	东南	春夏间	阴	木	胆
坎	水	陷	中男	耳	猪	北	冬	阳	水	肾
艮	山	止	少男	手	狗	东北	冬春间	阳	土	胃
坤	地	顺	母	腹	牛	西南	夏秋间	阴	土	脾

八卦正是具备了这种巨大的表象功能，才不得不让人们将它与汉字的产生联系起来，刘师培曾在《中国文学教科书》讲道："八卦为文字之鼻祖，乾坤坎离之卦形，即天地水火之字形。"关于《周易》中八卦的起源也有很多说法。钱玄同、周予同、郭沫若都认为八卦源于生殖崇拜，用"⚊"代表男阳，用"⚋"代表女阴，故有"一阴一阳谓之道"之说。也有部分学者认为八卦源于巫术，是古代的占卜符号。《周易 · 系辞下》讲："古者庖牺氏之王天下也，仰则观象于天，俯则观法于地，观鸟兽之文与地之宜，近取诸身，远取诸物，于是始作八卦，以通神明之德，以类万物之情。"这里的八卦就是一种"通神明之德""类万物之情"的占卜符号。后来许慎在《说文解字 · 叙》中讲道："古者庖牺氏之王天下也，仰则观象于天，俯则观法于地，视鸟兽之文与地之宜，近取诸身，远取诸物，于是始作八卦，以垂宪象。及神农氏，结绳为治而统其事，庶业其繁，饰伪萌生。黄帝之史仓颉，见鸟兽蹄远之迹，知分理之可相别异也，初造书契，百工以乂，万品以察。"在这里，许慎将伏羲作八卦、神农氏结绳记事、仓颉造书契三者并列了起来，但没有将八卦直接视为文字的起源。而西汉末纬书《易纬乾凿度》认为八卦就是"天""地"等八个字的古文。有关汉字起源于八卦的明确说法，当见于宋代史学家郑樵《通志 · 六书略》"因文成象图"节中的记载，郑樵认为："文字便从不便衡。坎、离、坤，衡卦也。以之为字，则必从。☵ 故必从而为'水'，☲ 故必从而后成'火'，☷ 故

伏羲氏

伏羲先天八卦图

必从而为‘巛’。”在郑樵看来，八卦符号的纵横变化，形成了各种文字。但不少研究者认为，这些爻形出现的时间，无疑要比汉字起源的时间晚，所以文字出自八卦的说法不足为信。

伏羲作了八卦以后，又根据事物的形状如日、月、山、水等画出了诸多符号,《尚书·序》载 :“古者伏羲之王天下也，始画八卦，以代结绳之政，由是文籍生焉。”“命朱襄为飞龙氏，造书契……使天下义理必归文字，文字必归六书，以同文而代结绳之政。”伏羲造书契，开始了纹文记事和所谓的“图画文字”和“图示文字”。刻契其实就是在木片或竹片上刻上痕迹，用以记数。《释名·释书契》云 :“契，刻也，刻识其数也。”《管子·轻重甲》:“子大夫有五谷菽粟者勿敢左右，请以平贾取之。子与之定其券契之齿，釜区之数，不得为侈弇焉。”可见刻契之法在古代交易中已经得到了应用。再如,《列子·说符》也讲道 :“宋人游于道得人遗契者，归而藏之，密数其齿。告邻人曰 :‘吾富可待矣。’”有关刻契与文字的关系,《隋书·突厥传》中写道 :突厥“无文字，刻木为契”。早在中世纪，瑞典、英国等欧洲国家的偏僻地区也还在使用刻契的计数方法。有人认为汉字从“一”到“八”的几个数字均源于原始刻契，这种看法不无道理。

刻契显然是一种帮助记忆的方法。“刻契为约”的方法至今还保存在独龙族、景颇族、哈尼族、傈僳族等少数民族中。古人利用刻契把一些数字符号、象形符号刻画在陶器或竹木片上，以此传递信息。刻契记事在促进文字的发展方面，其作用比结绳、八卦更直接。伏羲氏部落生活的地区——中原东部和黄淮流域，遗址中的陶器上有许多刻画记事的符号。在西安半坡遗址中，考古专家共发现113个不同的简单符号，这些符号都刻在饰有三角形纹饰和宽带纹的口钵外沿。这些符号虽笔画简单，但横、竖、斜、叉均有。

仰韶文化遗址中出土陶器上的刻画符号

对于西安半坡遗址中发现的这些刻画符号，文学家郭沫若认为："刻画的意义至今虽尚未阐明，但无疑是具有文字性质的符号……可以肯定地说就是中国文字的起源，或者说中国原始文字的孑遗。"不仅如此，还有不少学者把这些简单的符号和八卦联系在一起，因为这些符号与八卦的刻画以及八卦方位都十分相似。后来在临潼姜寨遗址中发现的刻符文字，不仅数量上与半坡刻符相差无几，而且在刻画的位置上，都有相同之处。有的学者将其分为数字刻符和单字刻符两类，"数字刻符可能表示陶器标号或种类"，"单字刻符可能是器物所有者或器物制造者的符号"。这些刻画已有基本固定的形、义，和商周甲骨文、金文属一个系统，都属于象形文字系统，这些符号被学术界公认为是中国文字的原始形态或原始阶段，是中国文字的起源。天、地、水、火、雷、风、山、泽是八卦所代表的宇宙的八种基本物象，这明显与西方的创世论不同，在一定程度上也反映了中国与众不同的哲学思维。

近世苗民之俗，犹沿契刻之文。《峒溪纤志》中讲道："木契者，刻木为符，以志事也。苗人虽有文字，不能皆习，故每有事，刻木记之，以为约信之验。"《傜僮传》载："刻木为齿，与人交易，谓之打木格。"所以，刻契极有可能是最早的文字书写形式之一。

三、古老神秘的原始图腾

当然，也有不少学者认为汉字起源于原始图画，旧石器时期已有图画记事的习惯，英国学者斯宾塞认为文字起源于图画，这一说法在20世纪初已传入我国。唐兰在《古文字学导论》中就曾提出“文字的起源是图画”的主张，现已被多数学者所接受。比如甲骨文中的象形文字，就是通过“图示”的手段来标志的。这不仅仅体现在独体字上，由几个独体字组成的合体字也能够体现这种“图示”作用。以“逐”字为例：在甲骨文中,它的形体是“足”的前方有一头“豕”。把字形与字义联系起来就是追赶野猪。追逐之意虽然需要依靠构图,但表意的基础是由“足”引申出的追、跑之意。可见“足”“豕”的图示作用是关键。

与原始图画密切相关的就是图腾。图腾崇拜是人类早期产生的一种特殊文化现象，世界上许多民族都曾有过自己的图腾。“图腾”一词，源自美洲印第安语，意为“亲族”。最早的图腾一般都是一些动物，这可能是因为这些动物意外地成为先民们的食物从而拯救了他们；或者是动物在先民们的生活和生产活动中起到了至关重要的作用；再或者就是这些动物很强大，先民们无法抵抗，于是幻想通过膜拜求得护佑。这些动物成为氏族所崇敬的对象，生活在部族中的人们还制作了动物族徽来作为标志，久而久之，这些动物也就成为他们所崇拜的图腾。图腾是原始思维的产物，它反映了古人对于世界的认知。而汉字作为以图画始创的语言记录符号，毫无疑问，也渗透了图腾文化。

远古时期，中国大地上居住着众多氏族部落，每个氏族部落都有着自己所崇拜的图腾。比如，有的以羊作为氏族的图腾，至今在甲骨文中，还可以看到羊头形文字，最突出的特征是那一对下弯的巨大的羊角。弯曲的羊角是坚硬、威力的象征，所以先民对羊的崇拜集中在了这一对硕大坚硬的羊角上。正所谓“羊大为美”，中国人对“美”的最初认识，也是从一只“羊”开始的。羊在原始人生活中占有重要的地位，在狩猎时代，羊是较易捕获的动物；畜牧时期，羊是被人们驯化、饲养的家畜之一；农业经济时期，羊仍然在人们的生活中扮演着重要角色。“羊在六畜，主给膳也”，人们吃羊肉、喝羊奶、织羊毛、穿羊皮等，都无法离开羊的默默贡献，逐渐地，羊就成为一种图腾。

其他动物如鱼、鹿、马、蛇等，以此类推，也就成为不少氏族的图腾。这些图腾最终演化成了象形文字。《说文解字 · 叙》云：“黄帝之史仓颉，见鸟兽蹄迒之迹，知分理之可相别异也，初造书契。”所以说，先民造字是仿照事物自身特点创立的。不少汉字体现了动物外形上的特点，从最古老的甲骨文字上可以看出：“马”突出了长脸和鬃毛，“象”突出了长鼻子，“犬”突出了张开的嘴和向上翻卷的尾巴。但文字不是图画，不可能将各类动物的全貌反映出来，体现在字形上，只能是将那些最突出的、不易与其他动物混淆的特点表现出来。《说文解字》里又说“象形者，画成其物，随体诘诎”，这一点在象形文字“牛”和“羊”上表现得尤为突出，牛的角向上挑，羊的角向下曲，甲骨文虽没画出整头牛、整只羊，但利用这一特点，人们一看就知道哪个是“牛”，哪个是“羊”。

图腾崇拜随着人类社会的发展而发展。图腾标记演化成文字之后，它（象形字）就成为这个氏族的代称，有些就变成了这个氏族的姓以及这个氏族的地名。如《说文解字》中描述道：“南方蛮闽从虫，北方狄从犬，东方貉从豸，西方羌从羊。”史载“黄帝有熊氏”，故不少人认为黄帝一族出自“熊图腾”这一氏族。后来黄帝打败了蚩尤，进驻中原，人们开始了农业生产。随着经济发展和生产力的不断提高，人们对许多地上的野兽的神秘感逐渐消失殆尽，天上翱翔的大鸟和蜿蜒游动的蛇让他们倍感崇敬，致使黄帝时代人们开始以蛇和鸟为主要崇拜对象，同时兼收其他被征服部落的图腾，企图融合成更具威力的图腾，于是“龙”便出现了。“龙”，从字形上看，它“巨齿硕口、大角修身”。《说文解字》记载：“龙，鳞虫之长，能幽能明，能细能巨，能短能长，春分而登天，秋分而潜渊。”闻一多先生认为，“它以蛇身为主体，接受了兽类四脚，马的头、鬣的尾、鹿的角、狗的爪、鱼的鳞和须”。龙是变化多端的，具备了各种动物的特性，龙能上天入地，居于四海，呼风唤雨。龙控制着雨水，而雨水是人们农业发展的命脉，龙自然也就成为人们心中无上的图腾，历代王朝的最高统治者都以此代称来震慑天下。同“龙”的演变一样，“凤”是由鸟图腾演化而成。《说文解字》曰：凤，“神鸟也……从鸟凡声。”“凤”字中间是凤头，头上有漂亮的冠羽，下部有长尾凤爪，《尔雅·释鸟》郭璞注曰：“鸡头、蛇颈、燕颔、龟背、鱼尾、五彩色。”郭沫若认为：“玄鸟就是凤凰。”《诗经·商颂》曰：“天命玄鸟，降而生商。”凤作为灵气十足的图腾神鸟，之后又被赋予阴阳概念，成为皇后的专用名词。

图腾文化是中华文化的重要组成部分，也是汉字形成和发展的重要一环，图腾使汉字成为一个有文化底蕴的符号系统，充分展示了数千年来中华民族不断探索、不断努力的历史演进过程。

四、“河图”与“洛书”的神话

《太平御览》引《河图》说，“黄帝游于洛，见鲤鱼长三尺，青身无鳞，赤文成字”，认为文字源于“洛书”。《周易·系辞上》载：“天生神物，圣人则之；天地变化，圣人效之；天垂象，见吉凶，圣人象之；河出图，洛出书，圣人则之。”而这里的河图、洛书又指的是蓍龟之类的祥瑞之物，圣人取它来创制《易》卦，预见未来。古有“河出绿图，地出乘黄”之说，武王因应天之命，才伐纣成功。河图、洛书及其传说，构成了中华文化的重要内容，由此还形成了著名的“河洛文化”。“河”，指黄河；“洛”，即洛水，河、洛就在今天的河南洛阳附近。

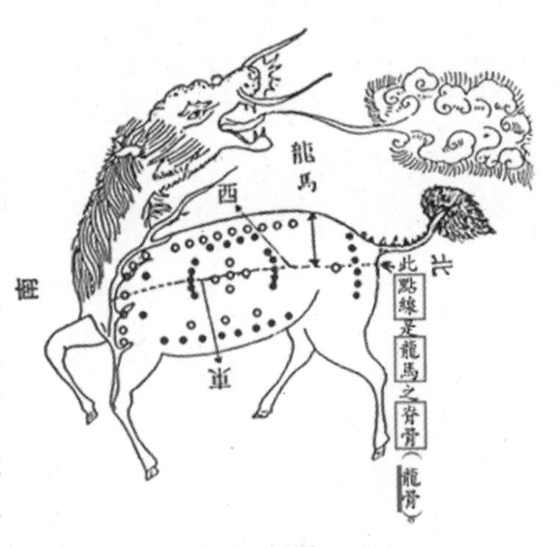

河图

千百年来，人们论及汉字的起源时，总是离不开河图和洛书。然而，河图、洛书的原始形态是怎样的，经历了哪些演变与改造，为什么会出现这些变化，一直众说纷纭。《太平御览》云：“黄帝游元扈洛水上，与大司马容光等临观凤皇衔图置帝前。帝再拜受图。”《尚书·顾命》传：“伏羲王天下，龙马出河，遂则其文，以画八卦，谓之河图。”又曰：“天与禹，洛出书，神龟负文而出，列于背，有数至于九。禹遂因而第之，以成九类，常道所以次叙。”据此看来，河图与洛书不是一时一物。河图是伏羲氏所画，洛书则是夏禹治水时用的地图，从外形看，似乎与数字有关。而我们现在所看到的河图、洛书，据说是五代时的道士陈抟所传,后来被收录在朱熹的《周易本义》中。先秦时代的《论语》《尚书》《易传》《墨子》《管子》等经典文献中都留下了有关河图、洛书的记载。《论语·子罕》篇载:"子曰:'凤鸟不至,河不出图,吾已矣夫!'"凤鸟是一种神鸟,可谓吉祥之物,孔子深深地感到凤鸟不再回来,河图也不再出现,那么,自己的使命也快要结束了。这也是孔子感怀自己怀才不遇、生不逢时而发出的慨叹。《尚书·顾命》:"大玉、夷玉、天球、河图,在东序。"郑玄注:"器名之河图,图出于河水,帝王圣者所受。"这里的"河图"显然成了一种金玉之器,是国宝,是吉祥之兆。以后河图、洛书遂演变成"龙马负图,神龟贡书"的神话传说。河图、洛书的嬗变还对古代易学、儒学的发展产生了影响,而且对朝代更替、政局兴衰、文化生活也产生了重要影响。

《太白阴经》云:"俄有元龟巨鳌从水中出,含符致于坛而去,似皮非皮,似绨非绨,以血为文,曰:'天乙在前,太乙在后。'黄帝受符,再拜。于是设九宫,置八门,布三奇、六仪,为阴阳二遁,凡一千八百局。"河图、洛书表示的正是宇宙间客观存在的某种关系,是先民对空间方位的认识,也是先民对宇宙空间关系最深刻、最神秘而又最简洁的体悟之呈现。我们现在所看到的河图、洛书,只是一些用黑点、白点和线条连成的图案。这些图案的布列很神秘,从中表现出了数的关系,没有文字说明,成为千古之谜。朱熹说:"洛书盖取龟象,故其数戴九履一,左三右七,二四为肩,六八为足。"即横、竖、对角三个数字相加,皆是十五,洛书显然就是一个神秘的数字方阵。《管子》载:"虑戏作、造六法以迎阴阳,作九九之数以合天道。"又《韩诗外传》云:"齐桓公设庭宴燎,待人士不至,有以九九见者。"上古时系由九九自上而下,而至一一,所以在古人看来,数字可合天道。宋代郑樵则认为,汉字就是由数字"一"演变而来的。他之所以形成这样的观点,首先是根据许慎的《说文解字》,此书以五百四十个部首排序,始"一"终"亥",而汉字的笔画横为"一",竖为"丨",都是一的变形。再者,老子《道德经》中讲"道生一,一生二,二生三,三生万物",又云:"昔

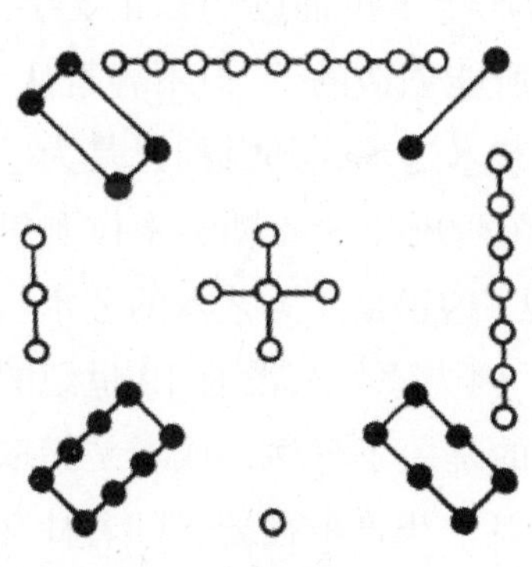
洛书

之得一者，天得一以清，地得一以宁，神得一以灵，谷得一以盈，万物得一以生，侯王得一以为天下贞。”“一”虽说是最小的自然数，但它却是“数之始也”，被尊为“万数之母”。《春秋繁露》也认为：“一元者，大始也。”汉代刘向《说苑》亦云：“一，数之始而物之极也。”而西方著名哲学家毕达哥拉斯则认为“一”是万物之源，这个世界由它衍生，他讲道：“万物的本原是一。从一产生出二，二是从属于一的不定的质料，一则是原因。从完满的一和不定的二产生出各种数目；从数产生点；从点产生出线；从线产生出面；从面产生出体；从体产生出感觉所及的一切形体，产生出四种元素：水、火、土、气。这四种元素以不同的方式互相转化，于是创造出有生命的、精神的、球形的世界。”从这点来看，中西哲人对数字与宇宙关系的看法是相通的。阿拉伯数字发明于3世纪，而直到20世纪初，中国人才开始大量使用阿拉伯数字。郭沫若先生认为，古人用手指表示数字，逐渐形成了汉字：“数生于手，古文一二三四字作一二三亖，此手指之象形也。手指何以横书？曰，请以手作数，于无心之间，必先出右掌，倒其拇指为一，次指为二，中指为三，无名指为四，一拳为五，六则伸其拇指，轮次至小指，即以一掌为十。一二三四均倒指，故横书也。”此外，玉贝、结绳、竹木在远古时代都是人们计数的工具，如“算”“筹”等和数目相关的汉字都有一个“竹”字部首，可见汉字源于数字之说也并非空穴来风。

《艺文类聚》云：“黄龙负图，鳞成字，从河中出，付黄帝，令侍臣写之示天下。”黄河鱼龙献“图”，洛水灵龟献“书”，河图、洛书神话其实反映了古人书画同源的观念。唐兰先生曾在《古文字学导论》中指出：“文字起源于绘画，到统一的国家出现后，和语言结合就产生了可诵读的真正文字。文字的产生，由于自然的趋势，而不是一两个人所能创造的。”但不容否认，最初的绘画不是为了审美，因此也就谈不上什么艺术追求，其目的只是为了通过摹画来记事。对此，鲁迅先生曾讲道：“画在西班牙的亚勒泰米拉洞里的野牛，是有名的原始人的遗迹，许多艺术史家说，这正是‘为艺术的艺术’，原始人画着玩玩的。但这解释未免过于‘摩登’，因为原始人没有19世纪的文艺家那么闲，他的画一只牛，是有缘故的，为的是关于野牛，或者是猎取野牛，禁咒野牛的事。”原始人绘画完全是为了生活、生产的需要，随着社会生产力的不断进步，人们对绘画的审美有了更高的要求，而作为记事的绘画又不能满足人们的艺术审美需要，所以它逐渐摆脱了记事功能，成为单纯的艺术样式，文字与图画就这样逐渐分离了。清代冯桂芬在《太上感应篇图说序》中说："古之学者，有左图右史之设。史以纪isecond恶，示劝惩也；图载星辰、山川、草木、鸟兽之形，以资多识。"再如，清代阮葵生《茶余客话》卷十载："古人左图右史，不独考镜易明，且便于记览也。"古代"左图右史"的传统意在说明书画同源这一重要史实，书画在最初具有互补意义，而这两者的关系，正如廖序东先生所论："文字是为了日益复杂的交际的需要，在原始的画画记事的基础上，人们共同创造出来的。文字一般起源于图画。"图画转变为文字，无疑需要经历一个漫长的过程，蒋善国先生认为："图画发展成为文字，须具备四个条件：一、代表某种事物的图画成为社会所公认的符号；二、代表某种事物的图画被人们认为是理性的记号；三、这记号必须和语言的声音结合，可以诵读；四、这记号所用的只是一种线条，只是物体的一种线形外表，而且把一切都纳在一定的范型里。"不难理解，图画发展为文字，其实是人类认知能力进步的表现，它所具有的这种"公共价值"足以表明文字不是一人一时所创，而是社会历史不断发展的产物，是众人智慧的结晶。目前，史学界较为普遍的一种说法是中国文字源始于殷商。因为殷商时的甲骨文已很成熟，而任何事物总有一个从产生、发展到渐趋成熟的过程，因此，中国文字的产生年代还可前推。至于推多少年？有的主张至少上推 1000 年；有的主张推至夏末。提出最不同凡响之见的当属郭沫若，他在《古代文字之辩证的发展》一文中指出："汉字究竟起始于何时呢？我认为，这可以以西安半坡村遗址距今的年代为指标。"如此，汉字已有近 6000 年的历史了。

五、仓颉的造字传说

仓颉生有“双瞳四目”，故传说此图不可久视，久视会产生眩晕之感

一说起汉字的起源，很多人都会想到仓颉。其实早在战国时期，仓颉造字的传说就已十分流行。据《吕氏春秋》载：“奚仲作车，仓颉作书，后稷作稼，皋陶作刑，昆吾作陶，夏鲧作城，此六人者，所作当矣。”古书有关仓颉的记载十分之多，如《韩非子 · 五蠹》云：“古者仓颉之作书也，自环者谓之私，背私谓之公。”又如《说文解字 · 叙》云：“仓颉之初作书，盖依类象形，故谓之文；其后形声相益，即谓之字。”这些都是对仓颉其人其事的客观记录。但也有不少神秘色彩很浓厚的记载，如《春秋元命苞》中的记录不仅十分详细，而且极富神话意蕴：“仓帝史皇氏，名颉，姓侯冈，龙颜侈侈，四目灵光，实有睿德，生而能书，及长，授河图禄字，于是穷天地之变，仰观奎星圆曲之势，俯察龟文鸟羽山川指掌，而创文字。天为雨粟，鬼为夜哭，龙乃潜藏，治百有一十载，都于阳武，终葬衙之利乡亭。”生于中国西北的仓颉，他的面部长有四只炯炯有神的大眼睛，并且能放出异样的光彩。仓颉披着长发，留着长须，穿着一身凶猛的兽皮，他那高高隆起的头顶向世人暗示着他过人的智慧，人

们远远望去便能揣测出他是个绝世无双的天才。因为仓颉有四只眼睛，所以他的视力非常好，能看见众人无法看见的东西，察觉到众人无法察觉的事物。仓颉不分昼夜地仰望着星空，观察着日月星辰的变化轨迹，洞察到了月亮的阴晴圆缺及风雨雷电的变幻规律。根据这些天象，他开始对造字有了一个大致的思路。接着，他又开始了对大地的仔细观摩，无论是山川河流还是沧海桑田，无论是一草一木还是珍禽异兽，都进入了仓颉的视野。除此之外，仓颉还率领大家辨识鸟兽各种各样的脚印，以及人马、车辆路过的痕迹，从各种各样印记的纹理中寻找灵感。正如许慎《说文解字·叙》载："黄帝之史仓颉，见鸟兽蹄迒之迹，知分理之可相别异也，初造书契。"经过多年的努力和琢磨，仓颉开始正式造字了，起初他创造的字并不多，但这些字却囊括了宇宙间一切最基本的自然现象，是汉字的雏形。汉字造好了，但只造了 24 个字，这在当时被看成是一项很了不起的工程，轩辕黄帝对此颇为赞赏，重重赏赐了仓颉。更为重要的是，上天也为之感动，派天神从天庭投放大米和白面到人间。生活在地上的孤魂野鬼们被惊吓得号啕大哭，因为天上掉大米的奇异天象他们从未见过，以致措手不及。后来，人们为了纪念"天降大米和白面"的日子，将其称之为"谷雨"，民间谷雨节气也由此发端。

《荀子》云："好书者众矣，而仓颉独传者，壹也。"鲁迅曾说："然而做《易经》的人（我不知道是谁），却比较的聪明，他说：'上古结绳而治，后世圣人易之以书契。'他不说仓颉，只说'后世圣人'，不说创造，只说掉换，真是谨慎得很；也许他无意中就不相信古代会有一个独自造出许多文字来的人的了，所以就只是这么含含胡胡的来一句。"鲁迅认为，汉字是我国古代劳动人民在长期的劳动实践中创造出来的。作为一种文字，它必须经过许多人的了解，才能成为人们共同应用的语言符号和辅助工具，进而普遍地流行开来。仓颉是黄帝的史官，把史官同汉字的整理和使用联系起来，却有一定的道理。在原始社会里有一种专门从事祈祷求神的人被称为"巫"。国家每逢遇到祭祀、狩猎、战争等大事，巫的职责除了舞蹈降神以外，还要对重大历史做记录，这就是史官的起始。后来巫和史的职责分得更清楚了，有了专门记事的史官，巫和史才得以分开。所以，在汉字发展的相当漫长的过程中，巫和史起过很重要的作用。巫、史也是最先使用文字的一批人，他们为了工作需要，会四处搜集、整理已有的文字，并且会因实际需要适当添造一些新文字。人们推想，仓颉可能就是巫、史一类的人物，只是后来人们把他神化了，因此也就出现了与之相随的种种惊天动地的神话传说。在鲁迅看来，“仓颉也不止一个，有的在刀柄上刻一点图，有的在门户上画一些画，心心相印，口口相传，文字就多起来，史官一采集，便可以敷衍记事了”。因此汉字绝不可能是由某一个人或几个人创造的，它同其他文字、文化一样，是人类社会发展到一定阶段的产物，是人民群众共同创造的智慧结晶。

许多学者也赞同鲁迅先生的看法，认为汉字的产生是一个极为漫长且复杂的过程，绝非一时一人所能胜任，所以仓颉造字的传说未必可信，而仓颉本人也只是一个在汉字的采集和汇总方面有过突出贡献的史官罢了。当代著名学者裘锡圭先生就认为，仓颉可能是古人所虚拟的一个文化英雄。然而，当我们以现代人的眼光去冷静并理性地分析汉字诞生的同时，却忽视了汉字蕴含着的古人天真的想象和敬畏自然的社会心理。原始先民们认为汉字的出现是一场“天雨粟，鬼夜哭”的惊天伟业，他们之所以要对仓颉的功业极力地渲染，其目的就是为了歌颂仓颉的伟大功绩，并力图为汉字盖上一层厚厚的神秘面纱。这无疑使汉字在几千年来，让每一个中国人都对其充满了敬畏之感，以至于形成了后世“惜字如金”的风尚。

我们可以毫不夸张地说，正是仓颉造字的古老神话才造就了汉字在几千年的历史长河中绵亘不绝的不朽传奇！

第二编　奇妙的汉字造字法则

从现存文献看，“六书”一词最早见于战国时期儒家学者编纂的《周礼·地官·保氏》：“保氏掌谏王恶，而养国子以道，乃教之以六艺，一曰五礼，二曰六乐，三曰五射，四曰五驭，五曰六书，六曰九数。”这里的“六书”仅仅是我们所熟知的“六艺”之一。西汉刘歆《七略》：“古者八岁入小学，故周官保氏掌养国子，教之六书，谓象形、象事、象意、象声、转注、假借，造字之本也。”这是对“六书”最早的解释。东汉初的班固、郑众、许慎则正式提及了“六书”的名目和次第。在商代，汉字已有相当系统的造字法则，不过没有详细而完整的记载，因此，并非先有“六书”才有汉字，它只是人们对汉字进行分析后归纳出来的造字系统。不过，有了这个系统以后，人们再造新字时就方便了很多。

一、画成其物的象形字

东汉许慎《说文解字 · 叙》载："象形者，画成其物，随体诘诎。日月是也。" 所谓象形字，顾名思义就是对事物形状的大体诘诎与描画。在中国古书当中，关于象形字概念的解释纷繁复杂，南宋戴侗在《六书故》讲道："何谓象形，象物之形以立文，日月山水之类是也。" 据清代廖平《六书旧义》载："形事皆如作画，但象形只是画成其物而已。" 由此可见，象形字类似简易图画，所以它的线条和笔画都比较简单，只求勾勒出事物的主要特征和大体轮廓即可。

明代吴元满在《六书总要 · 象形论》中讲道："象形者，圣人仰观天文，仍察地理，远取诸物，近取诸身，象其事物，随体诘诎而画其迹者也。" 在吴元满看来，象形字源于中国祖先对宇宙自然万物的体察，遂象其事物、随体诘屈而得其形。所以，我们今天使用的汉字很多与自然事物有关，它们有不少是象形字。如山、水、日、月、云、雨、电、火、回、木等和自然事物相关的汉字皆为象形字。

山		山峦起伏、中峰凸起之貌
水		恰似涓涓河水流淌之形
日		像一轮圆满充实的太阳
月		正如一弯月牙，又恰似镰刀

续表

云		就像天边曲卷的云彩
雨	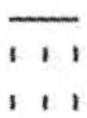	最上一横是天，细雨从天而降
火		熊熊大火燃烧的样子
回		水流回旋时的一轮漩涡
木	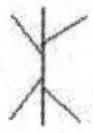	一棵有树干、树枝的大树

象形字的造字原则是“远取诸物，近取诸身”，所以除了和自然事物相关外，很多象形字也取自我们的“身体”，如和人体相关的目、耳、口、自、眉、而、手、足、止、心、胃、人等字也都是象形字。

目		像人眼目，金文或有将目形竖起
耳		人类听觉器官的外廓
口		向上张的嘴形
自	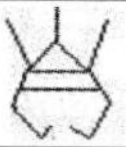	人鼻子的形状
眉	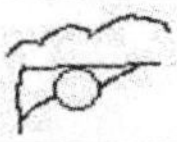	目上加一波浪线，是为眉，
而		颊毛，鳞毛之下垂者称而
手		五指伸张的样子
足		像由大腿小腿、脚板构成的脚部
止		脚趾头张开的脚掌形状
心		人体内的泵血器官
胃		食道与小肠之间的袋状消化器官

续表

人		一个躬身垂臂的劳作者

除了人类自己外，很多和动物相关的汉字也是象形字，如虎、马、犬、牛、羊、鹿、豕、隹、象等字都是对动物的摹状。

虎		大口、长足、纹身的猛兽
马		长脸、大眼、有鬃毛、长尾的动物
犬		腹瘦尾长的狗
牛		头上有弯起的角的动物
羊		两角向下弯曲、两鼻孔成 V 形的动物
鹿		大眼、一对枝角、短尾、四脚的动物
豕		长嘴圆腹短尾的动物
隹		喙利翼长的鸟
象		鼻长、形体大的动物

此外，还有一些和人们日常生活相关的表示住行、生产、器皿的象形字，如高、行、舟、车、弓、矢、戈、刀、斧、皿等。

高		建筑在高台上的房屋
行	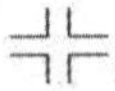	一个十字路口
舟		舟船之形
车		一个篷盖加双轮的车
弓		未拉满的射箭之弓

续表

矢		有镞有羽之箭
戈		征战中击人的戈
刀		带手柄的弯刀
斧		一把锋利的斧头
皿		盛水器物之形

《红楼梦》中描写竹子时有一句诗："竿竿清欲滴，个个绿生凉。"有人曾在翻印时将"个个"改为"個個"，这很快便遭到众人反对。因为"个个"恰如亭亭矗立的竹子，改后则意境全无，故许多书商又改回为"个个"，这个例子很好地诠释了象形的妙用。汉字里象形字不多，《说文解字》里象形字只有 364 个，却是汉字造字的基础，鲁迅先生曾说："汉字的基础是象形。"象形字以形状表达事物的含义，虽然字形已经发生了极大变化，但仍旧可以看出它的原形。随着时间的推移，很多象形字都已难见其原形，但仔细辨认一下，仍旧可以看出它的原样来，如：口、耳、山、田、井、火、雨、伞、门等。古老的象形字是一种表形的文字，但"象物之形"这种方法具有很大的局限性，因为有些实体事物和抽象事物是画不出来的，这也就无法满足记录语言的需要，于是便出现了后来的指事字和会意字。

二、察而见意的指事字

指事字是一种抽象的造字法，我们知道象形字的特点是“画成其物，随体诘诎”，但实际生活中有很多事项是无法摹画出来的，比如“上”“下”这类方位词，用象形的办法的确是很难办到的。所谓“指事”，是指在象形字的基础上添加一个简单的指事符号，通常最常见的符号是“、”和“一”，当然有时候也会用减少笔画的方式加以指事。许慎在《说文解字》中说：“指事者，视而可识，察而见意，上下是也。”“上”和“下”是指事字的最典型代表，“⊥”和“⊤”，都以一条横线表示位置的界限，线上加一短横表示“上”，线下加一短横则表示“下”。在象形字的基础上造成的指事字的数量也很多，如“本”就是指事字，《说文解字》云：“木下曰本。从木，一在其下。”这个“一”其实就是指事符号，表示“本”作为草木的根和靠根的茎干。清代知名学者段玉裁在《说文解字注》中将“本”这个字分析为：“木下曰本。从木。从丅。此篆各本作本。解云‘从木、一在其下’。今依《六书故》所引唐本正。本、末皆于形得义。其形一从木丄，一从木丅。而意即在是。”足见，“本”的原义为“根本”，后来延伸的词有“本领”“本意”“本钱”等等。

与“本”相对，“末”也是一个指事字，我们常说“本末倒置”，其实“本”和“末”不仅在词义上相对，在构字方式上也是相反的。“木”下加一横曰“本”，“木”上面加一短横，就是“末”了。《说文解文》：“末，木上曰末。从木，一在其上。”“末”本义为树梢，后来引申为“末端”“末日”“末代”，又被用来表示自谦，如“末技”“末将”。

“刃”是在“刀”的基础上造成的指事字，《说文解字》：“刅，刀坚也。

象刀有刃之形。凡刃之属皆从刃。”在“刀”上加一点，表示刀锋所在，这个“、”就是指事符号。“刃”，顾名思义就是“刀”的最前沿，所以它的本义为刀口、刀锋。

“寸”是古代的长度单位，十寸相当于一尺，古有“寸步难行”“寸草不生”等很多与长度相连的成语。但“寸”的本义实际上和“手”有关，《说文解字》说：“寸，十分也。人手却一寸，动脉，谓之寸口。从又，从一。凡寸之属皆从寸。仓困切。”“又”，手也，象形，它的本义就是“手”。根据《说文解字》对“寸”的解读，不难理解“寸”就是人的手掌向后一寸的地方，对此，《说文解字注》记载：“寸，十分也。度别于分。忖于寸。禾部曰：‘十发为程，一程为分，十分为寸。’人手却一寸动脉谓之寸口。从又一。却犹退也。距手十分动脉之处谓之寸口。故字从又一。”“寸”字上一点也是指事符号，表明这里的寸口之处。中医切脉，也称距离手腕一寸长的部位为“寸口”，这个叫法显然是对“寸”之本义的借用。

“甘”也是一个指事字，“口”字中的一短横，表示嘴里含着甜美的东西。《说文解字》说：“甘，甘美也。从口含一。一，道也。凡甘之属皆从甘。”对此，段玉裁认为：“(甘)美也。羊部曰：‘美，甘也。’甘为五味之一。而五味之可口皆曰甘。从口含一。一，道也。食物不一，而道则一，所谓味道之腴也。”

指事字和象形字一样，皆为独体字，因此不能再分为两个字。《说文解字注》云：“指事之别与象形者，形谓一物，事众物，专博斯分。故一举日、月，一举上、下，上、下所之物多，日、月只一物也。学者知此，可以得象形指事之分矣……指事不可以会意淆，合两文为会意，独体为指事。”在段氏看来，指事字就是独体的抽象符号字。指事字是一种用抽象的造字法造的字，绝大多数指事字是在象形字的基础上添加或减少笔画、符号形成的。我们知道，象形字重在像物之形，也就是“照葫芦画瓢”，而指事字重在用抽象符号进行提示。指事字的出现在很大程度上是由于很多具象无法依照原形画出来，比如“凶”这个字，表示处境的险恶，但又无法用象形的方式呈现，于是用“凵”代表深坑，用“×”指事在陷阱里放置的致命的危险物。《说文解字》释字9353个，但指事字只有125个，这是因为指事字发展到一定阶段后也表现出了诸多局限，比如“盗”这个字怎么指事，“盥”这个字又如何指事？这也难怪汉代以后，便再无新的指事字。

三、比类合谊的会意字

会意字是用两个或两个以上的偏旁组合起来的用来表示一个新的意义的文字。与象形字、指事字不同，会意字是合体字。例如：把两个“人”合在一起造成一个“从”字,即两人前后相随,表示跟从；把两个“人”后向并立,表示比较,造成一个“比”字；把“日”和“月”合在一起造成一个“明”字。常见的会意字还有：

林：双木重叠，表示树林。

森：三木重叠，表示树木很多。

友：两手相助，引申为朋友。

众：三人重叠，表示众多。

炎：二火相重，表示烈火旺盛。

北：本即“背”字。两人相背而立，表示方向相反。

初：从刀从衣，本义是用刀裁衣为制衣之初，后泛指行动的开始。

晶：三日重叠，表示光亮。

炙：把肉放在火上烤。

休：人靠着树，表示休息。

采：上爪下木，表示手在树上采摘东西。

匠：木匠，“匚”是装工具之器，“斤”是斧子。

益：本即“溢”字。上面从水，表示水漫出器皿。

牧：手持木棍赶牛，表示放牧。

看：手搭在眼上，表示观看。

见：人抬头睁目，表示看见。

烦："页"是人头形，从"火"，表示发热头痛。

解：用刀把牛角砍向一方，表示分解。

再如，人言为"信"，小土为"尘"，不正为"歪"，大力为"夯 "，少力为"劣"，不好为"孬"，不用为"甭"，山石为"岩"，合手为"拿"，两手中分为"掰"，都是一些常见的会意字。

实际上有很多抽象的字无法用象形、指事方法表示出来，会意法正好弥补了这一不足，是一种突破象形、指事的局限而创造出的新造字法。会意法造出的新字，是用已有的象形字或指事字做构成材料的，不仅充分发挥了旧有文字的作用，还容易被社会接受。由于会意字采用人们原本就熟悉的字而构成新字，在很大程度上十分有利于人们学习、掌握和推广。在《说文解字》里，会意字有 1167 个。不难看出，会意造字法比象形、指事造字法前进了一步。今天的简化汉字，也使用了会意方法，例如"灶""国""笔""体""泪""阳""阴"等等。会意字是由两个或两个以上的部分组合而成的，其组合方式灵活多样、不拘一格。例如"看"字，由上、下两个部分组合而成；"初"字，由左、右两个部分组合而成；"匠"字，由内、外两个部分组合而成；"晶"字，由上、左下、右下三个部分组合而成；"解"字，由左、右上、右下三个部分组合而成。再如两个"人"可以组合成"从"，三个"人"便成了"众"；两个"木"是"林"，三个"木"则组成了"森"。组合形式的多种多样，使会意字的数目比起象形字、指事字来要多得多。

不少会意字还能反映出古人的许多生活习俗和观念，比如盥洗的"盥"。甲骨文的写法是下面是盆状的"皿"字，上部是只手伸入盆内，表示洗手。再如，"家"字，上面的"宀"是房屋的象形，下面的"豕"是猪，所以有养猪的地方就是人家。再如，"武"，从戈从止，有阻止动武的含义。据《康熙字典·止部》载："《左传·宣十二年》：楚子曰止戈为武。"东汉许慎在《说文解字》中也沿用"楚庄王曰：夫武定武戢兵，故止戈为武"的说法，可见"武"的本义为维护仁义与和平，表达了先民们祈求和平的愿望。

很多会意字由于简化之缘故，已经很难看出它的字源乃至本义。如"東""婦""買""習"这些字，如果单看它们的简化体，很难理解其会意之意。

比方说,“東”由“日”和“木”组成,太阳从树木后升起的地方正是东方;“婦”的意思是说,妇女拿着扫帚在家里打扫,所以女、帚为“婦”;同样,田、力为“男”;“習”由“羽”和“白”组成,“白”是“自”的变形,小鸟刚刚学会用自己的翅膀飞翔就是“习”,延伸为反复练习;再如“買”,由“四”和“贝”组成,“四”是“网”的变形,古人将“贝”当作交换购物的钱币,用网将钱币聚拢在一起,引申为“买”。

会意字自身也存在很多局限和缺点,这是因为会意字的表意是造字人主观规定的,有时缺少客观标准。比如“休”字,表示人在树旁休息的意思,可是人休息不一定在树旁,也可以在床上,在树旁也不一定就是休息;再如两“人”在“土”上为什么一定是“坐”,不可以是“蹲”或是“站”呢?在现行汉字中,象形、指事、会意这三类字加起来只占汉字总量的一成左右。可以看出,会意同象形、指事一样,只能纯粹地表意,其局限性仍然很大。于是,后来又产生了一种半意半音的造字方法,这就是形声造字法。

四、以事为名的形声字

我们常说“秀才识字认半边”，这其实是针对形声字而言。形声是一种半意半音的造字法，其中表示声音的部分叫“声旁”或“声符”，表示意义的部分叫“形旁”或“意符”。如“功”便是一个形声字，“力”是形旁，表“意”；“工”是声旁，是“功”这个字的“音”。再比如“湘江”的“湘”字，左边的“氵”表示和水有关，右边的“相”则是声旁。总的来看，形声字中形旁和声旁的组合方式常见的有以下几种。左形右声：校、哼、蝗、爬、胸、河、犷、城。右形左声：功、期、剃、顶、鸠、领、切、欣。上形下声：草、笆、景、骂、宇、窥、崇、零。下形上声：盒、盲、煎、恩、梨、毙、裂、堡。外形内声：固、近、府、厦、衷、裹、阁、病。内形外声：闵、闷、问、闽、辨、辩、闻、雠。这六种组合方式大致可概括为左右、上下、内外三种关系，其中左形右声的占多数，上形下声的也较常见，而内形外声的则最少。

不难看出，形声字和会意字一样，都是合体字。但需要清楚的是，会意字中的每个部分都有表意的成分，而形声字里大多数只有一个偏旁是表意成分，另一个偏旁则是表音成分。例如“沐”和“休”，前一个是形声字，后一个则是会意字。“沐”字的“氵”是形旁，“木”是声旁；“休”字则表示“亻”（人）靠在（木）树旁休息。从“沐”和“休”这两个字可见，仅仅依靠读半个字，是无法准确读出字音的。比如深圳的“圳”不读“川”；“河”“海”两字，“河”与声旁“可”，“海”与声旁“每”，读音也不相同。我们知道，汉字从古至今，在字形、字义乃至字音上都发生了很大的变化，因此到了后来便出现了以文字研究为中心的文字学、音韵学、训诂学，可见对于今天的“秀才”来说，读汉字只读半边，是不靠谱的。

我们应当清楚，随着汉字的演变，形声字的声旁已经产生了变异，必须仔细识别。首先，声旁并不一定是声母，比如以“合”做声母的字有“盒”“答”“恰”“鸽”等。此外，形声字中的“省形”“省声”情况也让其读音变得复杂。如“春”，从草，从日，屯声，在“春”的篆书中有“屯”这个字，而在楷书中已经省略了“屯”。再如“考”，从老省，丂声；“纣”，从糸，肘省声；“恬”，从心，甜省声，省略了“甘”字。“星”的形旁“曰”是“晶”的省略。“炊”的声旁“欠”是“吹”的省略。还有一些比较复杂的形声字，如“旗”的声旁到了右下角，“荆”的形旁到了左上角，“颖”的形旁则到了左下角等。

从现代汉字的实际情况来看，形声字“形旁”的表意作用也在不断减弱。如“碗”以“石”做形旁，“特”字以“牛”做形旁，“骗”字以“马”做形旁，“独”字以“犬”做形旁，“虹”以“虫”做形旁。在今天如果没有一定的文字学功底，上述这些字形还是很难理解的。类似这样的形声字，它们的意义已经不能完全根据形旁来确定了，它们的形旁已基本失去了表意作用。再者，就一些个别的字来说，形旁和声旁的位置也不是固定的。例如“口”和“今”两个偏旁，左右组合成为“吟”，上下组合成为“含”；“召”和“叨”、“杏”和“呆”、“裹”和“裸”、“集”和“椎”、“部”和“陪”等都是靠组合位置变化成为不同的字。还有一些异体字，如“群”“峰”的形旁和声旁出现上下结构，也是由于古代文字竖排竖写的形式而造成的。

形声字自身虽有很多缺陷，但从汉字发展的角度看，形声造字法突破了象形、指事、会意造字的局限，解决了象形、指事、会意造字法难于解决的需要创造无数图形符号的问题。再者，形声字大大增强了汉字的记录功能，弥补了象形、指事和会意不能直接标声、读音的缺陷。据统计，在殷周的甲骨文和金文里，形声字占20%左右；到了东汉，《说文解字》里的形声字已有近7700个，占82%；在现代汉字中，形声字已达90%以上。形声字是文字从表意阶段向表音阶段过渡的产物，汉字之所以具有如此旺盛的生命力，形声字起很大的作用。

五、同意相受的转注字

中国著名文字学家裘锡圭先生认为："在今天研究汉字，根本不用去管转注这个术语。不讲转注，完全能够把汉字的构造讲清楚……总之，我们完全没有必要卷入到无休无止的关于转注定义的争论中去。"在裘先生看来，在今天要想确定许慎创立"六书"尤其是"转注"的原意，恐怕是不可能的，转注是文字学史上一个已经过时了的问题，因此没有必要再为它花费精力。由于许慎对转注的定义过于简略，从古至今的解释又十分繁复冗杂，因此对转注概念的解释至今尚无定论。可见，裘锡圭先生的观点是针对转注字这一复杂情形提出的，但作为文字学上的重要问题，我们还是有必要了解一下古今学者的研究。

许慎在《说文解字》中说："转注者，建类一首，同意相受，考、老是也。"所谓"建类一首"，是指两个字拥有同一个部首；所谓"同意相受"，是指部首相同的字可以相互解释。例如"老"字和"考"字，是一对转注字，它们都属"老部"，即"建类一首"，"老"为部首，"考"为属文，两者同义，可互训。宋代戴侗认为转注字的最大特点就是转变字形。清代江声在《六书说》中认为所谓"建类一首"是指《说文解字》部首，而《说文解字》在每一部首下都说凡某之属皆从某（如"凡木之属皆从木"），那就是"同意相受"。戴震认为转注就是互训（转相为注，互相为训），《说文解字》中"老""考"二字，就是互训的例子。饶炯在《文字存真》中认为，在文字上加注形旁或声旁造成分化为转注。曾国藩在《论转注书》中认为形符被省的形声字为转注。朱骏声在《说文通训定声》里说"转注者，体不改造，引意相受，令、长是也"。转注字不仅"体"极为相似，"意"也可相受，足见转注字并不是无规律可循。如“喊”和“唤”、“颠”和“顶”也都是义同、形近、音转的转注字。要注意的是转注不单是互相注释，还必须“建类一首，同意相受”，“类”指“形”，就是事物的类别，“首”就是指同一部首；“同意相受”，是指几个字是同一个意思。概而言之，转注字有三个条件：两字同一部首，两字声音相近，两字可以互相解释。

转注字的类型大概有以下几种：第一是在原字的基础上增加笔画，如转注字“大”和“太”、“小”和“少”、“中”和“央”、“矢”和“失”、“王”和“主”等；第二是在原字的基础上减少笔画，如“木”和“才”、“风”和“凡”、“鸟”和“乌”等；第三是部首的变位，如“至”和“去”、“共”和“并”等；第四是特殊的转注，大多受字形、字义演变所致，如“氏”和“民”、“可”和“歌”、“角”和“甪”、“幸”和“辛”等。

不难看出，转注字是一对或一组，而不是一个。“六书”当中，转注和假借不是造字方法，而是用字方法。但转注是“一义数文”，也就是“异字同义”；假借是“一字数用”“异义同字”。就“六书”的转注来说，转注于“异字同义”之外，在声音方面也要“同一语根”。但不同地区因为发音有所不同，以及地域的隔阂、时代的变迁，转注的读音也发生了变化，读音上是有音转关系的。

六、依声托事的假借字

什么是假借字？读音相同或相近但意思毫不相干的字，古时可以借用，这类字被称为“假借字”。在古代，随着社会的不断进步，很多事物往往“有声无字”，也就是说大家可以说出这个物件的名称，却无法用文字记录，于是便借用别的字来记录，甚至常常“有借无还”。据《字海》统计，汉字总共有 8 万之多，而假借字却只有 150 多个。许慎在《说文解字》中讲道：“假借者，本无其字，依声托事，令、长是也。”论及假借字，许慎用“令”“长”二字作为范例，亦有其一定的道理。

“令”这个字的本义是“命令”，许慎曾说：“令，发号也。从亼、卩。”“亼”就是“合”，而“卩”就是“符”，是古代发出号令时候所用的信物，围绕这个含义，“令”的意思不断延伸为“号令”之义，遂有“县令”“令尹”之称。关于“长”，《说文解字》云：“久远也。从兀从匕。兀者，高远意也。久则变化。亾声。”可见“长”的本意为“久远”，但在后来延伸为“生长”“长官”之意。从许慎列举的“令”“长”看，假借字还有引申义的情况，但我们不能简单地将假借字等同为引申义字，这是因为假借字中有很多与本义并无任何联系的字。如“卒”，本意为兵卒，但有时被假借为“猝”；再如“冯”，现代为姓氏，而在古汉语中被假借为“凭”，如“君冯轼而观之”；还有“禽”，原是对飞禽走兽的通称，后来被假借为“擒”，如“知伯亲禽颜庚”。假借“乌鸦”的“乌”来表示“呜呼”的“呜”。类似的例子还有很多，比如：“来”，本是“麦子”的象形字，假借为到来的“来”；“它”本是“蛇”的象形字，假借为表动物的代词“它”。

通假字也是假借字中的重要一项，如《礼记》“发扬蹈厉之已蚤”中将早晚的“早”写成了“蚤”；《周易 · 系辞下》“尺蠖之屈，以求信也；龙蛇之蛰，以存身也”中将屈伸的“伸”写成了“信”；《史记 · 廉颇蔺相如传》“顷之三遗矢”中将屎尿的“屎”写成了“矢”；还有我们比较熟悉的“说”，被假借为“悦”，如“不亦说乎？”。由此可见，假借其实不是严格意义上的“造字法”，它采用的是不造新字而表新意的方法，借旧字而翻新意，故被称为“借旧翻新”。许慎所谓“本无其字”，其实是因为众人难于分辨造成的，比如汉代有个“摣”字，其义为“拿物”，后人却借“揸”为“摣”，殊不知“拿起”已经“本有其字”。

一般来讲，假借字可分为两类，一类是彻底取缔了字形的本义，形成了新的意思；一类是假借义和本义共同占有此字。第一类如“而”“無”“我”等字。“而”这个字，从字形看，本义是胡须，所以“而”起初是一个象形字，但随着文明的不断进步，“而”被借用为第二人称的“你”以及连词。再如，“無”这个字，从字形看是人手拿着舞具在跳舞，是“舞”的本字，但从西周开始，“無”这个字被借用表示“无”，并造了一个新字“舞”。大家常见的“我”，本义并非第一人称代词，而是一种带有锯齿的兵器，西周以降，“我”被表示为“贞人名”，后来逐渐演化成了“我”的意思。第二类如“之”“夕”“祭”等字与上述假借字有所不同，它们虽然在使用中衍生出了一些新意，但其本义仍然存在。如“之”，字形是一个踩在地面上向前走的脚，古汉语中，“之”的意思很多，但亦有“到”“去”之义；再如“夕”，甲骨文很像弯“月”形，故甲骨卜辞表示为夜幕降临，遂有傍晚之意。可见“月”与“夕”二者原本是一对异体字，而后演变为两个意义不同的字。

清代学者孙诒让在《与王子壮论假借书》中讲道：“天下之事无穷，造字之初苟无假借一例，则逐事而为之字，而字有不可胜造之数，此必穷之数也，故依声而托以事焉。视之不必是其字，而言之则其声也。闻之足以相喻，用之可以不尽，是假借可救造字之穷而通其变。”不难看出，假借法启发了汉字的创造由“形”到“义”再到“音”进而到“义”，这启发了汉字造字的形声法，足见假借法在汉字的构形与发展史上具有十分重要的地位。

第三编　汉字的字体演变

对于汉字的字体特点，人们常用“篆书如圈，楷书如站，行书如走，草书如跑”来生动说明。此外，还有更为贴切的比喻，如“篆书像古装，隶书像礼服，楷书像便服，行书像工作服，草书像游泳服”，这不仅形象地体现出了各类字体不同的形态特征，还准确地呈现了不同字体书写时的运笔速度，可谓生动形象、妙趣横生。通常认为，汉字字体演变的过程可大致归结为：甲骨文、金文、篆文、隶书、楷书，而我们常见的草书和行书则是两种辅助性字体。总的来看，汉字书写经历了由繁到简的变化过程。

一、甲骨文：刻在龟甲兽骨上的文字

迄今为止，我国考古发现的最早文字当属甲骨文，它产生于商代中后期，为公元前14世纪至公元前11世纪。甲骨文是殷商时期刻在龟甲和兽骨上的一种文字，甲骨文又称契文、龟甲文或龟甲兽骨文，是一种十分重要的古文字研究资料。在已发现的殷墟甲骨文里，出现的单字数量已达4000个左右。其中不乏大量的指事字、象形字、会意字，也有很多形声字，可见当时的构字方法已相当成熟。绝大部分甲骨文发现于殷墟，是殷商时期的标准体文字。相传殷商的始祖名叫契，因辅佐大禹王治水有功，被舜帝封于商（地处今河南商丘），后来契的十四世孙汤灭夏，发动了历史上著名的"汤武革命"。商汤的后代盘庚迁都于殷，地处今天的河南安阳。盘庚统治的时期为商代后期，史称"殷商"。《尚书・周书・多士》曰："惟殷先人，有册有典。"甲骨文中有很多"典""册"的字样，而且重复率极高。由于商代统治者非常迷信，对气候、雨水、地震以至生育、疾病、做梦等大小事情都要进行占卜，以此推测事情的吉凶。占卜所用的材料主要是乌龟的腹甲、背甲和牛的肩胛骨，通常先在这些甲骨的背面挖出一些小坑，甲骨学家称这种小坑为"钻凿"。占卜的时候就在这些小坑上加热，于是甲骨表面会产生一些裂痕，这些裂痕就被称为"兆"。占卜之人便根据兆的形状来判断吉凶，

古中国甲骨文

因此甲骨文的图画性很强。甲骨文以象形字为主，对人、动物、自然事物的描摹十分逼真，其中有不少是“合文字”，即用两个以上的字组成一个新的字，在写法上也尚未定型，如“人”字有12种写法，“车”字有4种写法。甲骨文可正写，也可反写，可从右到左写，也可从左到右写，可横写，也可直写，可谓“写无定法”。当然，这也从一定程度上表现了远古先民早期多元、无定的思维方式。值得注意的是，甲骨文并不是殷人的“专利”，人们在后来发现，西周时期仍有很多地方在沿用甲骨文。1954年，考古工作者在山西洪洞周代遗址发现了甲骨文，之后在丰城镐京、陕西扶风等地也相继出土了很多西周甲骨文。西周甲骨文文字纤细，可见当时的微雕技术已十分发达。

甲骨文的史学价值极高，上面记载的大多是和狩猎、丰收、祭祀、战争有关的占卜之辞，所以后世习惯将甲骨文称为“殷墟卜辞”，也简称为“卜辞”。除占卜刻辞外，甲骨文还有记事刻辞，真实记录了当时的天文、历法、地理、方国、世系、家族、职官、征伐、刑狱、农业、畜牧、田猎、交通、宗教、祭祀等，是研究商代历史文化的第一手资料。甲骨文的产生虽说距今已有3000多年的历史，但它的发现时间距今却只有100多年。说起甲骨文的发现，其实还有一段十分有趣的历史故事，这段故事和“吃药”有着重大关系。

1899年，也就是清光绪二十五年，生活在北京的国子监祭酒王懿荣患了疟疾，久治不愈。王懿荣四处求医，但仍无济于事，后来听说有一家自明代起就开始经营的老药店“达仁堂”的药十分管用，就连忙派人去抓药。家人买药回府后，王懿荣十分好奇，心想老字号“达仁堂”的药真的有人们说得那么管用吗？于是便打开药包仔细审视……不料药材里“龙骨”这味药上刻有很多歪歪扭扭、形态怪异的图案，这不免引起了王懿荣的注意。由于王懿荣是当时闻名天下的金石学大师，又精通铜器铭文，很快便认定所谓的“龙骨”并不只是一味普通的药材，“龙骨”上奇形怪状的图案恰恰就是古时的一种文字。“龙

王懿荣

骨”文字的发现让王懿荣激动万分、欣喜若狂，他立刻派手下人到药店询问“龙骨”的来路，并用重金收购了能够买回的所有“龙骨”。举世闻名的甲骨文就是在这样一个偶然的事件中被发现的，而王懿荣也理所应当地成为“甲骨文发现第一人”。自王懿荣发现甲骨文以来，经过学界的不断努力，出土发掘的甲骨文累计多达 15 万片，整理出不重复的单字就有 4600 多个。这些字中有不少已经具备“六书”中象形、指事、会意、形声等 4 种造字方法，可见甲骨文是比较成熟的文字体系。不仅如此，甲骨文中还出现了大量的假借字，如借“又”为“佑”，借“鼎”为“贞”等等。

王懿荣的重大发现引得京城一时轰动，很多文化界的文人雅士也纷纷投入到收集“龙骨”的队伍中，一时间“龙骨”价格暴涨，不少人还投机倒把，伪造出了一大批假龙骨。随着“龙骨”的不断被发掘，研究“龙骨”的学术水平也日益精化，“龙骨”的甄别技术也不断提高，很多伪造品随即被拒之门外。继王懿荣之后，学术界出现了著名的甲骨文研究四大家，他们的名字在当时就已十分响亮，分别是：罗振玉、王国维、郭沫若、董作宾。甲骨学的著述，最早问世的是刘鹗的《铁云藏龟》，在清光绪二十九年即 1903 年就已出版，此外还有孙诒让的《契文举例》、罗振玉的《殷商贞卜文字考》《殷墟书契考释》、商承祚的《殷墟文字类纂》、王国维的《殷卜辞中所见先公先王考》及《续考》、王襄的《簠室殷契类纂》、董作宾的《甲骨文断代研究例》及《甲骨文字集释》都是甲骨文研究的经典之作。中华人民共和国成立后，国内甲骨文的研究也在不断升级，研究著作也颇为丰富。值得一提的是甲骨学的集大成之作——《甲骨文合集》，这部巨著共 13 册，由郭沫若、胡厚宣和中国社会科学院历史研究所联合完成，选录 80 年来已著录和未著录的殷墟出土的甲骨拓本、照片和摹本，共 41956 片，第一至十二册为甲骨

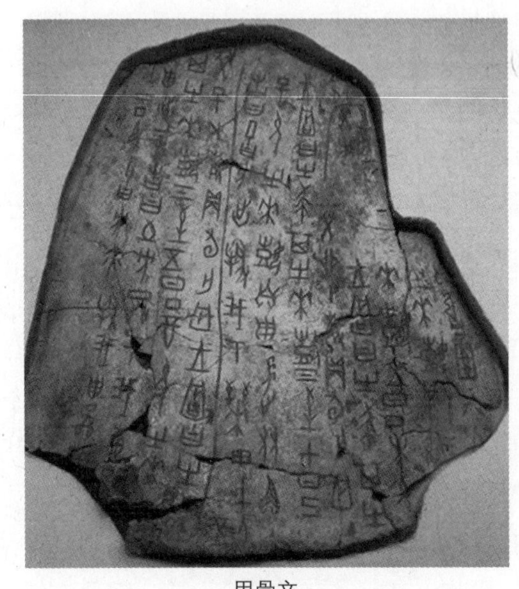
甲骨文

拓本，第十三册为甲骨纂本。《甲骨文合集》基本上将已有甲骨文资料收齐，并经过了辨伪、去重、断片缀合、分期、分类的科学整理，可谓体大而精深，是甲骨文研究的奠基之作。随着甲骨文研究的不断推进，日本、美国、德国、加拿大等世界各地的专家也纷纷加入到甲骨文的研究行列中，并有许多质量上乘的论文和专著公之于世。甲骨文作为中国独有的文化遗产、世界共享的文化宝藏，将不断引起全球的关注。

二、金文：青铜器上的钟鼎款识

早在夏代，中国就已进入青铜时代，在当时铜的冶炼和制造技术业已十分发达。商周是青铜器的鼎盛时期，鼎是西周青铜礼器的代表，而钟则是西周青铜乐器的代表，故历史上有“钟鼎”之称。周人习惯将青铜称作金，所以刻在青铜器上的铭文被称作“金文”或“吉金文字”。因为这类青铜器以钟鼎居多,所以人们又将“金文”称作“钟鼎文”。后世也将“金文”称作“铜器铭文”,这和金文的书写材料有关。“金文”还有一个比较难记的名称叫“彝器款识”，“彝器”是西周青铜礼器的通称；而“款识”在古时有刻、记之意，又因铭文是铸刻在青铜器上的文字，所以“彝器款识”也是金文的代称。

金文大致可分为四种类型：商代金文（公元前 1600 年左右—公元前 1046 年左右）、西周金文（公元前 1046 年左右—公元前 771 年）、东周金文（公元前 770 年—公元前 222 年）、秦汉金文（公元前 221 年—220 年），其中尤以西周金文闻名于世。西周金文在很多方面因袭了殷商的传统，与殷商文字相比差别并不是很大。金文是西周官方使用的标准文字，它是西周礼制宗法成熟的产物，与西周时期的“藏礼”有很大关系。所谓“藏礼”，简单地说就是“寓礼于器”，“器”在当时是“礼”的象征。青铜器上的铭文大多是祭祀时祈

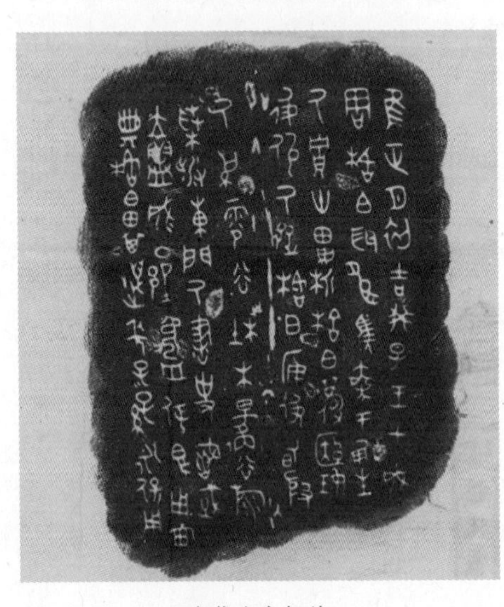

商代金文拓片

愿吉祥、丰收、庆功之类的话，被赋予了很特殊的意义。自周以降，历史上的很多王朝都保留了“重器”的传统，“问鼎”这一举动被看成是对中央王朝的挑衅，而“鼎迁”则象征着一个国家政权的覆灭，故《孟子·梁惠王》中有“毁其宗庙，迁其重器”的说法，由此可见“器”在王朝政权中的重要性。辛亥革命之后，王权政治不复存在，但“器”在国民心中仍有不可替代的崇高地位。

后母戊鼎

1939年，正处抗日战争时期，河南安阳武官村的吴希增在野地劳动时碰上了一个坚硬的东西，挖出来一看，是一个四条腿的正方形青铜器，高1.3米有余，重达830余斤，上还带着许多铜锈。村民们将这个方形青铜器秘密运到了村中，并暂时埋在了吴希增的堂弟吴培文家的院中。不料，有人走漏了消息，驻安阳飞机场的日本警备队队长黑田荣很快就赶到了吴培文家，开始搜寻“宝物”。幸好有柴草掩护，加之吴培文随机应变，日本人无奈，败兴而归。然而，日本人肯定不会就此罢手，如果村民们继续留着鼎，迟早会招来杀身之祸。于是大家找来了北平的大古董商肖寅卿，打算高价卖给这位富商，但肖寅卿却要将大鼎分割成几大块装箱，村民们无法答应肖寅卿的要求，这场交易遂以失败告终。此后，日本人不断派兵进村搜宝，情急之下，吴培文花了20大洋从古玩店买了一个青铜赝品藏在自家炕洞里，最终以假乱真，让日本人抢走了那个赝品。为保险起见，吴培文和乡亲们曾三次转移埋藏地，使得大鼎得以免遭日寇的侵夺。1948年，大鼎在南京首次展出，蒋介石亲临参观，轰动一时。1949年，国民党南撤台湾，由于大鼎过于沉重，被流落在了南京飞机场，后经解放军发现，将其转移到南京博物院。1959年，大鼎被调往北京，成为国家博物馆的镇馆之宝。这个大鼎就是后母戊鼎。后母戊鼎厚腹部呈长方形、立耳、深腹平底、下有四个柱足。器耳饰鱼纹，腹部饰饕餮纹，腹内壁铸有“后母戊”三字，字体雄健有力，形体丰腴。据传

散氏盘

该鼎是商王为祭祀其母“戊”而作，造型典雅厚重。郭沫若先生称此鼎为“司母戊鼎”，他认为“司母戊”即为“祭祀母亲戊”，在古文字中，司和后是同一个字。如今，很多专家认为“后母戊”的命名要优于“司母戊”，因为“后”与“皇天后土”中的“后”同义，其义相当于“伟大”“了不起”“受人尊敬”，所以改为“后母戊”更能体现大鼎雍容华贵的身份特征。后母戊鼎是商代的青铜器，它的上面总共只有“后母戊”3个金文。到了西周时期，青铜器上的铭文开始逐渐增多，如周厉王时期的“散氏盘”上就有357个金文文字，共19行；1975年陕西岐山出土的“卫鼎”上刻有金文207个；1976年陕西扶风出土的“史强盘”上刻有金文284个；此外还有著名的西周青铜器“毛公鼎”，清道光末年，该鼎出土于陕西岐山，今收藏于台北“故宫博物院”。毛公鼎高53.8厘米，口径47.9厘米，圆形，二立耳，深腹外鼓，三蹄足，造型端庄稳重。据考证，毛公鼎铸造于周宣王时期，上刻有金文497个，共32行，是现存最长的一篇金文，记述了毛公衷心为国献策、周宣王褒奖并勉励毛公的事迹，被誉为“抵得一篇尚书”，是研究西周政治史的重要史料。

毛公鼎铭文笔法圆润精严，线条浑凝拙朴，体势瘦劲修长、仪态万千，章法错落有致、顺乎自然，总体上给人以浑穆庄严、奇逸灵动之感。东周末期，礼崩乐坏，周文凋敝，青铜器上的长篇铭文已十分少见。秦始皇一统天下后，诏令书同文，所用文字皆为小篆，且不再刻铭文于钟鼎之上，金文由此渐衰。及至汉代，青铜之器不复使用，金文自始不见于史。有关金文的数量，据容庚《金文编》载，共计3772个，其中可识别的字可达2420个。金文的书体，一般称为大篆或籀书，亦称古籀。籀是周宣王时的史官，籀书即为周代史官所写的字。

五代梁朝时期，收藏古器之风盛行，出现了很多对古器物辑录的著作，如江淹的《铜剑赞》等。及至宋代，金石学大兴，学界对金文的研究不断深入，如吕大临《考古图》、王俅《啸堂集古录》等皆为金文研究的扛鼎之作。清代吴式芬将商周铜器铭文编成《捃古录金文》一书，资料繁多，考释严谨，影响颇大。清代小学兴盛，在这种学风的影响下，铭文研究进展迅猛，吴大澂《字说》《说文古籀补》，孙诒让《古籀拾遗》《古籀余论》《名原》等，都是研究金文的重要著作。王国维和郭沫若分别在《两周金石文韵读・序》《两周金文辞大系・序文》中对金文的年代、数量、用法、读音等做了系统的介绍。1925年，容庚《金文编》将商周铜器铭文中的字按照《说文解字》的顺序编为字典，从此金文开始成为一种书体的名称。时隔60年后，即1985年，容庚又编成《金文编》修订第四版，采用铭文3902件，收正文（可识的字）2420字，附录（ 还不能确定的字 ）1352字，共计3772字，这是今日可见金文的总数。

商代的金文虽字数不多，但结构严谨，字体瘦长，遒劲有力；西周金文不仅结构完美，而且章法自如、浑然天成。周康王时的大盂鼎等，字体凝练奇古，雄伟挺拔，被书家称之为“波磔体”，其拓本至今仍是很多书法家临摹和学习的典范。

三、隶书：汉字字体的重要转折

西晋卫恒曾在《四体书势》中讲道："隶书者，篆之捷也。"可见，隶书是篆书的简写书体，由秦篆发展而来。隶书讲究"一波三折""蚕头燕尾"，字形宽扁、笔力厚重。据传，隶书起源于战国，在汉代达到顶峰，它的类型很多，有古隶、今隶、秦隶、汉隶、佐书、八分、草隶，魏隶等，在书法史上占有十分重要的地位，世有"汉隶唐楷"之称。相传，隶书是由秦代著名书法家程邈首创。《说文解字》记载："秦烧灭经典，涤除旧典，大发吏卒，兴戍役，官狱职务繁，初有隶书，以趋约易……秦始皇使下邽人程邈所造也。"程邈，字元岑，内史下邽（今陕西渭南北）人，据唐代张怀瓘《书断》载："传邈善大篆，初为县之狱吏，得罪始皇，系云阳狱中，覃思十年，损益大小篆方圆笔法，成隶书三千字，始皇称善，释其罪而用为御史，以其便于官狱隶人佐书，故名曰'隶'。"程邈起初只是一个小小的县级狱吏，负责文案之事，因他性情耿直、直言犯上，被关进了云阳狱。待在牢狱中的程邈整日无事可做，度日如年，于是他决定通过研究文字来打发时间。程邈在研究中发现，如果将篆书中的圆转改成方折，不仅便于书写，同时也利于辨认。在此基础上，程邈还将这些改造过的字去粗取精、删繁就简，最终以 10 年之功创造出了 3000 个字。此时，正值秦始皇推行"书同文"政策，程邈便借这一时机将成果献给始皇帝下。皇帝看见程邈整理的字后，龙颜大悦，不仅免除了程邈的忤逆之罪，还破格擢升他为御史大夫。而这些字常被地位低微的小官小隶使用，所以人们就将其整理的文字称为隶书。

如今，在我们能够看到的宋刻《大观帖》中就收录了程邈的《秦御史程邈书》，这篇文献对研究隶书而言意义重大。《史记 · 秦始皇本纪》上说："天下之事无大小皆决于上，上至以衡石量书，日夜有呈，不中呈不得休息。”秦王朝建立之初，秦始皇每日为批阅奏折文书日夜操劳，不得休息，程邈的隶书因其结构简单、笔画平直、书写便捷，为秦始皇节省了很多时间，这也许是始皇帝钟爱隶书的最主要原因。秦隶的出现，是我国文字史上的一次重大变革，也是我国今文字发展的开端。秦初创造的隶书，结体和用笔均带有篆书意味，长扁不一，波磔也不明显，被后世称为“秦隶”。通常认为，隶书是汉代的文字，其实不然，关于这个问题直至 20 世纪 70 年代才被解释清楚。1975 年，考古工作人员在湖北省云梦县西睡虎地十一号秦墓发掘了 1000 余枚竹简，竹简上的字很小，但字形工整，笔画凝重，点画有明显变化，这其实就是秦隶的一种。另外，在西北和山东等地陆续出土的竹简，都向世人说明在汉以前隶书就已出现。其实，西周孝王时的《小克鼎铭》，在其笔法上就已初露隶书之端倪。而在 1980 年，考古人员在四川省青川县发现的青川战国木牍又比此前湖北出土的睡虎地秦简早了 80 多年，这无疑又将隶书的产生年代推前了近一个世纪。也就是说，在程邈之前，已经有成熟的隶书被使用了，可见程邈只是做了“去杂取精”、编纂整理的工作，而非创始。

云梦县西睡虎地秦简

汉隶虽沿袭了秦隶的风格，但在笔画上又有了不少新变，比如长横起笔如“蚕头”,收笔如“燕尾”。除此之外,汉隶还表现出了很多与之前的“篆书”不同的特征：隶字一反篆字纵向取势的形制，形成了字形扁方、左右分展的形势；隶书化圆为方、化弧为直，笔画中富有变化波动，极具生命力；篆书的点画基本可概括为点、直、弧三种，而隶书已经具备了永字八法中的八种笔画，方圆并用，粗细有致，标志着中国书法艺术走向了成熟阶段。汉隶是

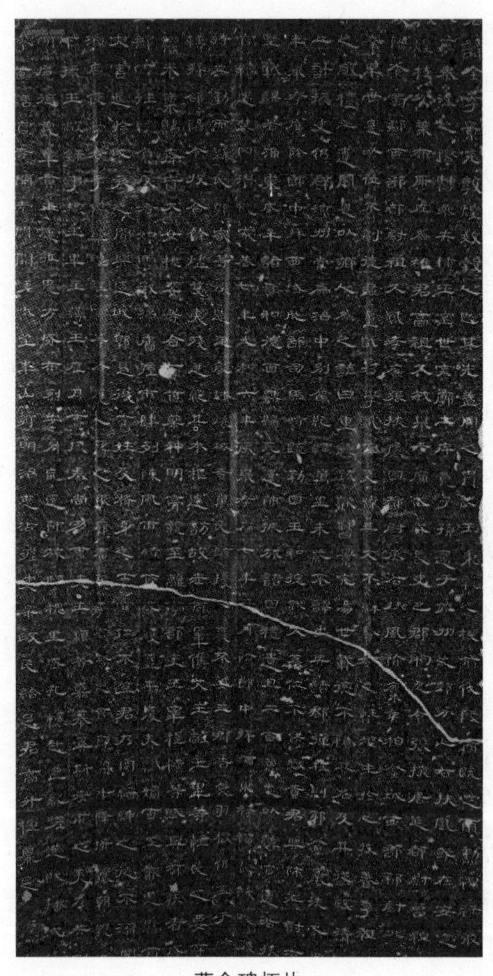
曹全碑拓片

我国两汉书法艺术的高峰，有大量石刻留存至今，《曹全碑》《张迁碑》便是这一时期的代表作。《曹全碑》碑高 272 厘米，宽 95 厘米，出土于明万历初年，1956 年入藏西安碑林博物馆。《曹全碑》铭文记录了郃阳县令曹全的家世及生平，曹全为汉初名相曹参的后代，建宁二年（169 年）举孝廉，除郎中，拜西域戊部司马，因屡建战功，被任命为郃阳令，此碑正是其同僚集资刻石之作。碑文中详细记载了平疏勒事这一历史事件，这与《后汉书 · 疏勒传》的记录有所不同，此外碑中还记载了黄巾起义时，“幽、冀、兖、豫、荆、扬，同时并动”的形势，具有很高的史料价值。

曹全碑的碑石黑明如漆，光可鉴人，文字铿锵有力，结构舒展超逸，风格秀逸多姿，实为汉隶中的瑰宝。明末孙承泽评云：“且字法遒秀，逸致翩翩，与《礼器碑》前后辉映，汉石中之至宝也。”清代万经评云：“秀美飞动，不束缚，不驰骤，洵神品也。”除此之外，还有《礼器碑》《西岳华山庙碑》《史晨碑》《乙瑛碑》《韩仁铭》《熹平石经残石》《校官碑》《石门颂》《西狭颂》《华山庙碑》《鲜于璜碑》等，都是以隶书写就的石刻艺术精品。

魏晋以后，隶书大多杂以楷法，唐宋元明之际虽有勃兴但影响不大，直至清代，碑学复兴，汉隶才得以真正复兴，一时名家辈出，最值得一提的当为清代书法家郑簠。郑簠少时便立志习隶，学汉碑长达 30 余年，曾倾尽家资，收藏碑刻拓片。他的隶书造诣离不开对《史晨碑》和《曹全碑》的临摹，但尤得力于后者。郑簠在隶书中间参草法，所书字粗细、疏密富有变化，但又保持了《曹全碑》规整的特点，兼具古意和新意，世人谓之“草隶”。其书遒媚飘逸，开清代书法崇尚碑学之法门。传世书迹主要有《杨茂源酬于附马诗轴》《卢仝新月诗轴》《灵宝谣》等。清代梁巘在《评书帖》中赞誉道：“郑簠八分书学汉人，间参草法，为一时名手。”另外，金农、伊秉绶、何绍基等人，在隶书的创作上别有建树、自成一家，将隶书艺术推向了更高的境界。

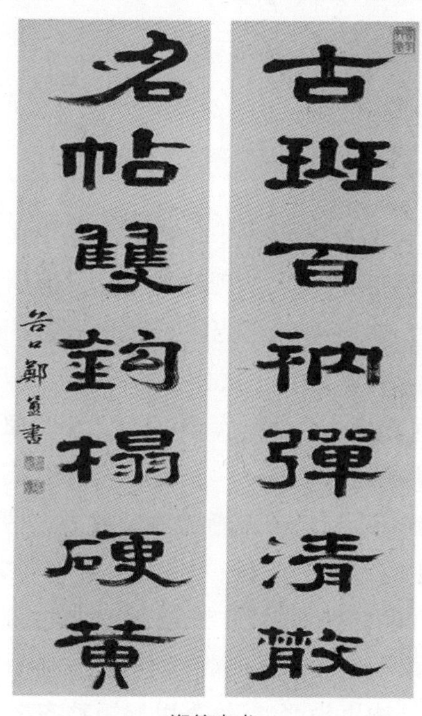

郑簠隶书

四、楷书：汉字字体的楷模

楷书又名“正楷”“真书”“正书”“今隶”，是由隶书逐渐演变而来的一种书体。最早的“楷书”和我们今天所理解的“正书”有所不同，清代刘熙载《艺概·书概》云：“楷无定名，不独正书当之。汉北海敬王睦善史书，世以为楷，是大篆可谓楷也。卫恒《书势》云‘王次仲始作楷法’，是八分为楷也；又云‘伯英下笔必为楷’则是草为楷也。”可见，当时的人将大篆、草书都称为“楷”。一直到三国时期，钟繇擅“章程书”，王羲之等书法家又在“章程书”的书写实践中改变体势，楷书遂与隶书逐渐分流，成为一种单独的字体，这在明代张绅《书法通释》中有详细的记载：“古无‘真书’之称，后人谓之正书、楷书者，盖即隶书也。但自钟繇之后，二王变体，世人谓之‘真书’。”楷书改磔为撇、捺，又添加了“侧”（点）、“掠”（长撇）、“啄”（短撇）、“提”（直钩）等笔画，使汉字的字体结构更趋严整，给人以规矩整齐之感。《辞海》说它“形体方正，笔画平直，可作楷模”，被看成是“可以作楷模的法书”，故名“楷书”。

有关楷书的创始人和产生年代，历来众说纷纭、莫衷一是。古书《水经注》认为是秦代一个叫王次仲的人创造了“楷书”：“郡人王次仲，少有异志，年及弱冠，变仓颉旧文，为今隶书。秦始皇时，官务烦多，以次仲所易文简，便于事要，奇而召之，三征而辄不至。次仲履真怀道，穷术数之美。始皇怒其不恭，令槛车送之。次仲首发于道，化为大鸟，出在车外，翻飞而去，落二翮于斯山，故其峰峦有大翮、小翮之名矣。”秦始皇在办公时觉得自己使用的字体笔画繁多、书写不便，于是便命令王次仲简化字体，但叫了三次，王次仲都不愿意来，秦始皇龙颜大怒，即刻派人将王次仲关进囚车押解到国都咸阳，可等囚车走到半路的时候，王次仲竟变成了一只大鸟，翻飞而去，他的两个翅膀变成了大翮、小翮两座山峰。关于这个故事在唐代杜光庭的《仙传拾遗》中亦有详细记载："王次仲者，古之神仙也。当周末战国之时，合纵连衡之际，居大夏、小夏山。以为世之篆文，功多而用寡，难以速就。四海多事，笔札所先，乃变篆籀之体为隶书。始皇既定天下，以其功利于人，征之入秦，不至。复命使召之，敕使者曰：'吾削平六合，一统天下，孰敢不宾者！次仲一书生而逆天子之命，若不起，当杀之，持其首来，以正风俗，无肆其悍慢也。'诏使至山致命，次仲化为大鸟，振翼而飞。使者惊拜曰：'无以复命，亦恐见杀，惟神人悯之。'鸟徘徊空中，故堕三翮，使者得之以进。始皇素好神仙之道，闻其变化，颇有悔恨。今谓之落翮山，在幽州界，乡里祠之不绝。"秦始皇向来喜欢求仙问道，听说王次仲已经变成了神仙，颇有悔恨，而王次仲化作的两座山峰就是今天的海陀山，后来人们为了纪念他，在山脚修了王次仲庙，每逢节令都要去祭祀纪念。

其实，王次仲这个传奇人物的生活年代，历来不详，一说为秦代，一说为东汉。唐代张怀瓘曰："王愔云：次仲建初中以隶草作楷法。萧子良云：灵帝时王次仲饰隶为八分。二家俱言后汉，而两帝不同。或云：后汉亦有王次仲为上谷太守，非上谷人。陶宗仪曰：次仲与程邈同时，增广隶书为八分。或云：东汉末人。又云：有二王次仲，皆非也。"不过，历代多数书家认为楷书的创始人应当是王次仲，如东汉末年蔡邕在《劝学》中说"上谷次仲，初变古形"；《晋书·卫恒传》"上谷王次仲，始作楷法"；宋代《宣和书谱》"字法之变，至隶极矣。然犹有古焉，至楷法则无古矣，在汉建初，有王次仲者，始以隶字作楷法，所谓楷法者，今日之正书是也"。以上都力挺王次仲是始作楷法之人。

还有一种说法，认为楷书的创始者应当是钟繇。钟繇（151—230），字元常，颍川长社（今河南许昌长葛东）人，三国时期著名书法家、政治家，历任尚书郎、黄门侍郎等职，由于助汉献帝东归有功，封东武亭侯。后被曹操委以重任，任司隶校尉，镇守关中，功勋卓著。魏国建立后，任大理，又升为相国。太和四年（230年）卒，谥曰成。据传钟繇此人相貌不凡，聪慧过人，小时候曾跟随刘胜在抱犊山习书法三年，后常与曹操、邯郸淳、韦诞等人一起谈论书法。一次，钟繇向韦诞借《蔡伯喈笔法》，韦诞没有答应，钟繇捶胸顿足、口吐鲜血，险些丧命。曹操取出灵丹让钟繇服下，这才救了他一命。韦诞死后，钟繇命人盗掘其坟墓，终于得到了那部《蔡伯喈笔法》。从此，钟繇的书法功力渐长，日益精妙。其实，钟繇之所以在书法上能有很高的造诣，完全得益于他的勤学苦练，相传他躺在床上睡觉时都不忘用手指在被子上书写，久而久之竟将被子写破。钟繇擅长三色书（即铭石书、章程书、行押书），经过不懈努力，在书法领域取得巨大成功，被后世认为是小楷的创始人，有“楷书鼻祖”之称。

钟繇篆、隶、真、行、草多种书体兼工，据张怀瓘《书断》载：“元常真书绝世，乃过于师，刚柔备焉。点画之间，多有异趣，可谓幽深无际，古雅有余。秦、汉以来，一人而已。”但他写得最好的还是楷书，《宣和书谱》云：“备尽法度，为正书之祖。”钟繇的楷书古雅浑朴，圆润遒劲，古风醇厚，自然天成，与东汉张芝合称为“钟张”，又与东晋书圣王羲之并称为“钟王”。钟繇对于汉字书法的发展和流变都有很重要的推动作用，明代陶宗仪《书史会要》：“钟王变体，始有古隶、今隶之分，夫以古法为隶，今法为楷可也。”钟繇所处的时期，正是汉字由隶书向楷书演变的时期。钟繇对后世书法影响深远，据唐代张彦远《法书要录》说：“蔡邕受于神人，而传之崔瑗及女文姬，文姬传之钟繇，钟繇传之卫夫人，卫夫人传之王羲之，王羲之传之王献之。”钟繇之后，许多书法家竞相学习钟体，如王羲之父子就有多种钟体临本，王羲之有《乐毅论》《黄庭经》传世，王献之则有《洛神赋十三行》。后张昶、怀素、颜真卿、黄庭坚等在书体创作上都吸收了钟体之长、钟论之要。

到了唐代，楷书得到极大的发展，欧阳询、虞世南、褚遂良、薛稷并称为“初唐四家”。

欧阳询的正楷，源出古隶，以二王为体，参以六朝北派书风，结体特异，别具一格。他的字笔力刚劲峻拔，笔画方润，结体开朗爽健，在当时权威尤炽，几为学书的标准本，代表作有《九成宫醴泉铭》《化度寺碑》等。

《九成宫醴泉铭》清姚孟起临本（局部）

虞世南的楷书，上承智永禅师的遗轨，婉雅秀逸、外柔内刚、沉厚安详，一扫魏晋书风的怯懦，楷书代表有《孔子庙堂碑》等。

褚遂良的楷书，以疏瘦劲练见称，虽祖右军，然得其媚趣。其字体虽看似奔放，但不减静谧，境界尤高，其楷书代表作当以《雁塔圣教序》为最。

薛稷的曾祖即隋代著名文学家薛道衡，官至内史侍郎。薛稷为人好古博雅，辞章甚美，政事之余，专力书画。张怀瓘《书断》云："（薛稷）书学褚公，尤尚绮丽媚好，肤肉得师之半，可谓河南公之高足，甚为时所珍尚。"大诗人杜甫曾见其普赞寺题额三大字，作《观薛稷少保书画壁》诗赞云："仰看垂露姿，不崩亦不骞。郁郁三大字，蛟龙岌相缠。"他的字用笔纤瘦、结字疏通，自别为一家，代表作有《中岳碑》《洛阳令郑敞碑》《信行禅师兴教碑》《升仙太子碑》《佛石迹图传》等。

今人习字，多以楷书四大家之作为范本，所谓楷书四大家，即指唐代的欧阳询（欧体）、颜真卿（颜体）、柳公权（柳体），以及元代的赵孟頫（赵体），后世习惯将他们合称为"欧、颜、柳、赵"。

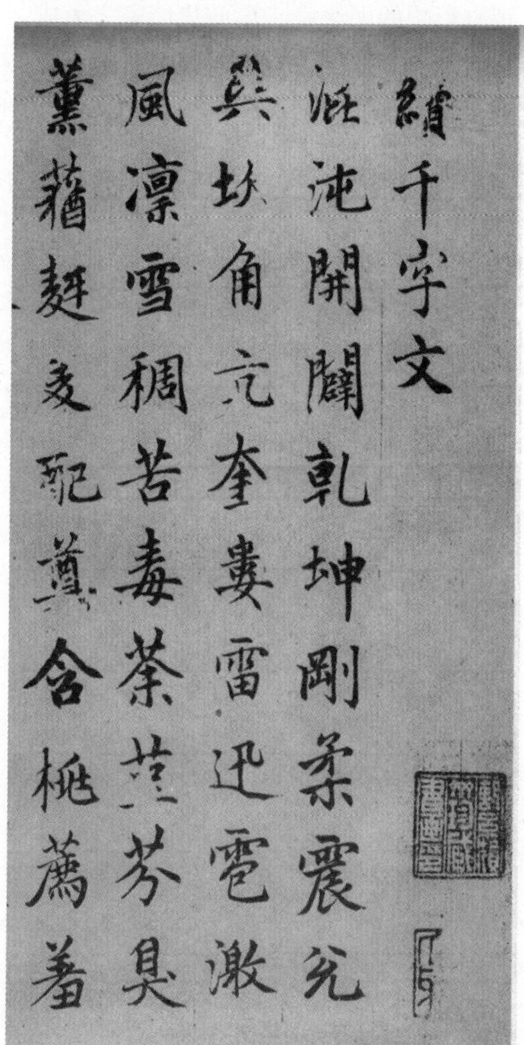

赵孟頫《续千字文》

颜真卿，字清臣，京兆万年（今陕西西安）人，祖籍琅琊临沂（今山东临沂）。史书亦称"颜鲁公"。颜真卿自幼学书，又得到张旭亲授，并师法蔡邕、王羲之、王献之、褚遂良等人，融会贯通，加以发展，形成独特风格。其楷书结体方正茂密，笔画横轻竖重，笔力雄强圆厚，气势庄严雄浑，人称"颜体"，书法代表作有《多宝塔碑》《颜勤礼碑》等。

柳公权，字诚悬，京兆华原（今陕西铜川市）人，唐代著名书法家、诗人。柳公权 29 岁时进士及第，早年曾任秘书省校书郎，长在朝中，共历仕七朝，官至太子少师，世称“柳少师”。柳公权书法以楷书著称，与颜真卿齐名，人称“颜柳”，他的书法吸取了颜真卿、欧阳询之长，融会新意，自创“柳体”，以骨力劲健见长，传世碑刻有《玄秘塔碑》《金刚经刻石》《冯宿碑》等。

赵孟頫，字子昂，号雪松道人，又号水晶宫道人，湖州（今浙江吴兴）人。官至翰林学士承旨，荣禄大夫，封魏国公，谥文敏。赵孟頫是元代初期很有影响的书法家，集前代诸家之大成。《元史 · 本传》讲，“孟頫篆籀分隶真行草无不冠绝古今，遂以书名天下”，对其赞誉极高。据明人宋濂讲，赵氏书法早岁学，“妙悟八法，留神古雅”。其著名楷书贴有《胆巴碑》《仇锷墓碑铭》和《福神观记》等。

楷书结构布局平稳匀整、规范严谨，笔画干净利落，非常适合日常书写。在古代，雕版印刷技术十分发达，负责书写和刻制雕版的人就是当时擅写佛经楷书的“写经生”，楷书因而成为雕刻印刷最早的参照字体。而今，楷书已是我们常见的书写字体，我们常说的“宋体”其实也是楷体的一种，其余如标楷体（DFKai-SB）、华文楷体（KAIU.TTF）、AR PL 中楷（AR PL UKai）、Kai（Mac OS 简体中文字体）等都是现代人办公时常用的电脑输入字体。

五、草书：注岸奔涯、凌邃惴栗

草书形成于何时，历来说法不一，通常认为这种字体源起于汉代，《说文解字》亦有“汉兴有草书”的记载。草书具有结构简省、笔画连绵、纵任奔逸的特点，其目的是为了书写的简便与快捷。草书作为一种书体，可谓种类繁多，有篆草、隶草、藁草、散草、游丝草、一笔草、章草、今草、小草、狂草、大草等，但归纳起来，无非章草、今草、狂草三类。

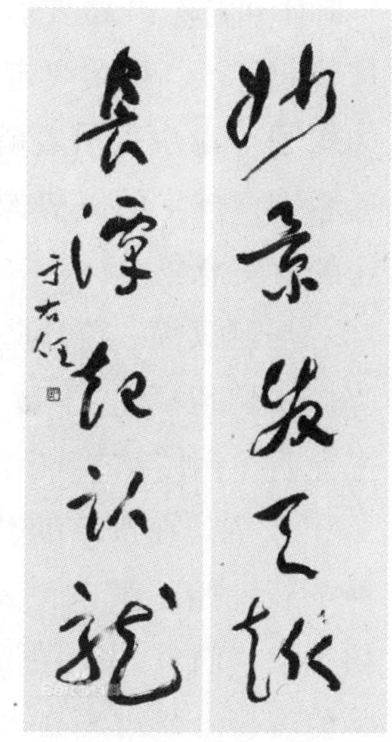

于右任草书

章草是早期草书的书写形式，始于秦汉之际，由草写的隶书即“隶草”演变而来，有关章草这一名称的由来，历来也众说纷纭、莫衷一是：史游曾作《急就章》，全篇以草书写就，故名“章草”，唐代张怀瓘《书断》也说“章草者，汉黄门令史游所作也”，此一说也；古时官员上事章奏，为图简便，用此书体而得名，此二也；昔汉章帝最喜此书体，并命杜度等奏事用之，唐代韦续《纂五十六种书》载“章草书，汉齐相杜伯度援藁所作，因章帝所好，名焉”，此三也。如今，很多学者认为，上述说法均不确切，之所以有章草的叫法，其原因还得从“章”字的本义来分析。“章”，顾名思义有章法、章则之意，旧体草书因法度严谨，故称“章草”，可见早期的草书皆有严格的书写规范。章草形成于西汉宣、元之间，兴盛于东汉、三国及西晋，是一种极为成熟完善的书体，代表了西汉至东晋 400 多年的书法艺术面貌。章草这种字体字势基本取横势，且每字中有明显的波折痕迹，因此被认为是隶书的草化。后世书法家习章草者，如宋克、赵子昂等多以此法为宗，字法结构严谨精美且古朴厚重，几乎无异于行楷。章草不仅有很高的学术价值，还具有很高的艺术价值，其独特精妙之处往往让人拍案叫绝，“不知老之将至”。对此东汉崔瑗在其著作《草书势》中有相当精当的描述：“草书之法，盖又简略；应时谕指，用于卒迫。兼功并用，爱日省力；纯俭之变，岂必古式。观其法象，俯仰有仪；方不中矩，圆不中规。抑左扬右，望之若欹。兽跂鸟跱，志在飞移；狡兔暴骇，将奔未驰。或黝、黭、䵒、黕，状似连珠，绝而不离。畜怒怫郁，放逸后奇。或凌邃惴栗，若据高临危，旁点邪附，似蜩螗掘枝。绝笔收势，余涎纠结；若杜伯揵毒，看隙缘巇；腾蛇赴穴，头没尾垂。是故远而望之，摧然若沮岑崩；就而察之，一画不可移。几微要妙，临时从宜。略举大较，仿佛若斯。”章草像兽踮起脚、鸟耸起身子，正要飞走离去一样；又像狡兔突然受惊，将奔驰还未奔驰似的；如蝎子等毒虫，沿着罅隙进行；如腾蛇窜入穴洞，头进去了尾还垂在外面；远看它，摧崩的气势像汹涌的波涛倾岸奔涯，最终形成了连绵不绝、气韵灌注的审美意象。

居延汉简、流沙坠简、武威汉简、史游《急就章》、蔡琰《胡笳十八拍》、曹植《鹞雀赋》、卫瓘《顿州帖》、赵孟頫《急就章》、宋克《孙过庭书谱》、祝允明《闲情赋》、胡正《乐毅论》等等，都是章草学习者临摹的典范与精品。

今草是在章草的基础上，结合楷书发展而成的一种书体，是对章草的一种革新，始于汉末，又称“小草”。今草摈弃了过多的“隶意”，自由灵活，相比章草而言，书写更为一气呵成。据史书记载，今草为东汉张芝所创。张芝，字伯英，今甘肃酒泉人，生年不详，卒于汉献帝初平三年（192 年）。张芝勤学好古，淡于仕进。对于他的“今草”，张怀瓘《书断》称：“然伯英（张芝）学崔（瑗）、杜（度）之法，温故知新，因而变之，以成今草，转精其妙，字之体势，一笔而成。偶有不连，而血脉不断，及其连者，气候通其隔行。”可见，无论在运笔上还是在气势上，张芝的草书率意超旷、青出于蓝。三国魏书家韦诞称张芝为“草圣”。晋王羲之对汉、魏书迹，仅推钟（繇）、张（芝）两家，他曾说：“吾书比之钟张，钟当抗行，或谓过之；张草犹当雁行。然张精熟，池水尽墨，假令寡人耽之若此，未必谢之。”其实，张旭、韦诞、索靖、王羲之、张旭、怀素之草法，均源于张芝，对此，羊欣云：“张芝、皇象、钟繇、索靖，时号‘书圣’，然张劲骨丰肌，德冠诸贤之首，斯为当矣。”张芝打破了章草旧有的常规，省略其繁难之处，力图使笔锋流畅锋利，给人以奋逸自然、刚柔相济、神化自若之感。张芝写草书时往往费力较多，用时用力往往超过了楷书，可见，要写好草书并非易事。据卫恒《四体书势》中记载：张芝“凡家中衣帛，必书而后练（煮染）之；临池学书，池水尽墨”。而“临池”之称，也来源于此。但张芝书法真迹流传极少，只有宋刻的《淳化阁帖》卷二载张芝五帖，至于这些究竟是不是真品，至今还没有定论。

与今草不同，狂草是草书中最放纵的一种，字形往往狂放多变，笔画勾连圆转，故有“一笔书”之称，在章法上与今草一脉相承。论及狂草，最著名之书家当为怀素。怀素（725—785），字藏真，俗姓钱，永州零陵（今湖南零陵）人，幼年出家为僧。他的书法豪迈恣肆，如“飞鸟出林，惊蛇入草”。对此，韩偓曾描述道：“何处一屏风，分明怀素踪。虽多尘色染，犹见墨痕浓。怪石奔秋涧，寒藤挂古松。若教临水畔，字字恐成龙。”怀素与张旭齐名，后世有“张颠素狂”之称。怀素自幼聪明好学，他在《自叙帖》里讲道：“怀素家长沙，幼而事佛，经禅之暇，颇喜笔翰。”怀素勤学苦练的精神是十分惊人的，但因为买不起纸张，他就找来一块木板，涂上白漆后书写。再后来，怀素种植了一万多株的芭蕉树，将长大的芭蕉叶铺在桌上，挥毫泼墨。由于怀素练字奇多，老芭蕉叶皆已剥光，小叶又舍不得摘，于是他干脆在树上的小叶子上写，这就是有名的“芭蕉练字”。人们还将张旭、贺知章、黄庭坚与怀素并称为“狂草四大家”。

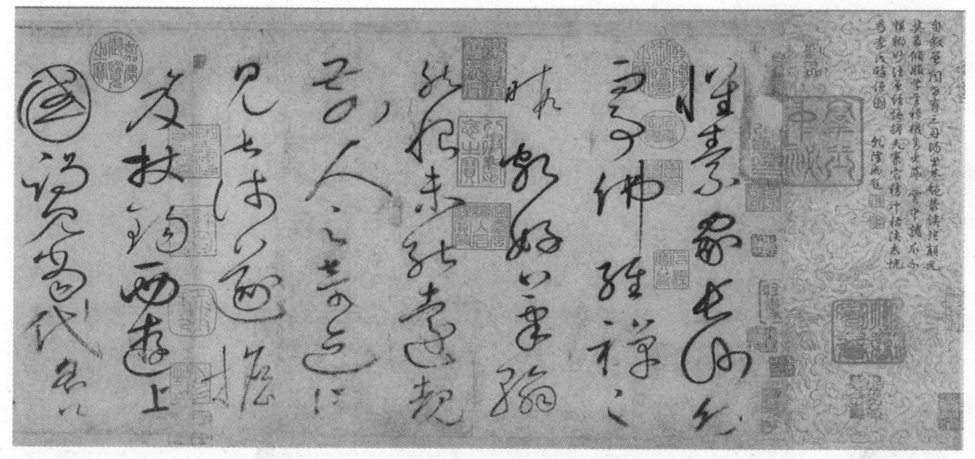

自叙帖（局部）

六、行书：介于楷、草之间的书体

行书的“行”是行走的意思，它既不似草书那样急速飞驰，也不像楷书那样端正稳重，是介于楷书和草书之间的字体。唐代张怀瓘在《书断》中说：“行书即正书之小讹。务从简易，相间流行，故谓之行书。”可见，行书是正书的变体。对于行书的运笔特点，明末清初大书法家宋曹曾描述道：“所谓行书，即真书之少纵略。后简易相间而行，如云行流水，秾纤间出，非真非草，离方遁圆，乃楷隶之捷也。务须结字小疏，映带安雅，筋力老健，风骨洒落。字虽不连而气候相通，墨纵有余而肥瘠相称。徐行缓步，令有规矩；左顾右盼，毋乖节目。运用不宜太迟，迟则痴重而少神；亦不宜太速，速则窘步而失势。”行书的书写不宜太缓，也不宜太快，因此它既是楷书的草化，也可以是草书的楷化。

南朝王僧虔《古来能书人名》云：“钟繇书有三体：一曰铭石之书，最妙者也；二曰章程书，传秘书，教小学者也；三曰行狎书，相闻者也。河东卫凯子瓘，采张芝法，以凯法参之，更为草藁。草藁是相闻书也。”由是而知，行书雏形为“押书”，是由画押签字发展而来的。张怀瓘在其《书议》中讲道：“夫行书，非草非真，离方遁圆，在乎季孟之间，兼真者谓之真行，带草者谓之行草。”对于“真行”和“行草”，宋代《宣和书谱》也讲道：“自隶法扫地，而真几于拘，草几于放，介乎两者间行书有焉。于是，兼真则谓之真行，兼草则谓之草行。”一般来说，楷法多于草法的叫“行楷”即“真行”，草法多于楷法的就是“行草”。

楷书虽容易辨认，但不利于日常书写，草书可以节省时间，却难于认读，而行书恰好吸收了二者的优点，也弥补了它们的不足，不仅艺术性强，也不失实用性。行书的形式和八分楷法十分接近，由“正体字”中派生出来，因此只要在八分书写中去除隶意，就变成了行书。据传，行书是一个叫刘德升的人创造的，刘德升，字君嗣，颍川（今河南禹州）人，东汉桓帝、灵帝时的著名书法家，唐代张怀瓘《书断》曰：“（德升）以造行书著名。虽以草创，亦丰妍美，风流婉约，独步当时。”刘德升因创造了介于楷书与草书之间的“行书”字体，被后世尊称为“行书鼻祖”。西晋卫恒《四体书势》言：“魏初，有钟（繇）、胡（昭）二家为行书法，俱学之于刘德升。”可见，刘德升在书法史上具有十分重要的地位。在汉末，行书没有得到普遍应用，直至魏晋时期王羲之的出现，才使其流行起来。

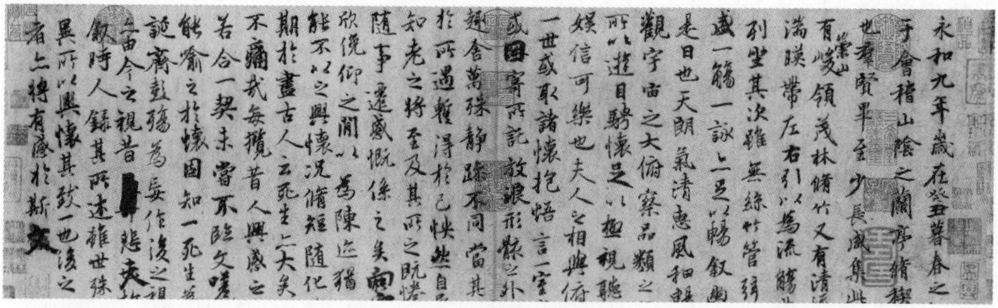

兰亭序（摹本）

王羲之创作的《兰亭序》被誉为“天下第一行书”，其笔法往往让学习者倾心其中、无法自拔，特别是行云流水的书法技艺让不少书法家望而生叹，宋代书法大家米芾称其为“中国行书第一帖”。《兰亭序》全文共324字，通篇遒媚飘逸，字字精妙，有如神人相助也，提按顿挫一任自然，整体布局天机错落，具有无穷的艺术魅力，被视为无价之宝。据说，唐太宗李世民在位时曾多次遣人搜寻《兰亭序》真迹，当听闻此书在辨才和尚处，兴奋不已，几经交涉，最终将其占为己有。而辨才和尚为此积忧成疾、撒手人寰。得到《兰亭序》的李世民，对这幅珍品爱不释手，敕令侍奉宫内的拓书人赵模、韩道政、冯承素、诸葛贞四人各拓数本，赏赐给皇太子及诸位王子和近臣。据说李世民死后将《兰亭序》带进了坟墓，使其作为殉葬品永绝于后世。真迹殉葬昭陵，如今我们看到的都是摹本和临本，当中以“神龙本”最佳。

王羲之将行书的实用性和艺术性完美地结合了起来。行书艺术光照千古，成为书法史上影响最大的一宗。继《兰亭序》之后，唐代大书法家颜真卿创作了“天下第二行书”——《祭侄文稿》。《祭侄文稿》全文共 234 字，书卷纵长 20.8 厘米，横长 75.5 厘米。此文为纪念颜杲卿父子在安禄山叛乱时奋勇抵抗、壮烈牺牲而作，歌颂了颜氏父子舍生取义、忠君爱国的英勇气概，同时也表达了作者颜真卿祭悼时的悲痛之情。《祭侄文稿》通篇气势不凡，将作者激昂、惨痛、愤懑的内心情感蕴于笔端，给人以纵笔豪放，一泻千里之感。“稿”，顾名思义就是草稿的意思，《祭侄文稿》运笔迅疾，枯笔连擦之处不拘小节，结体宽松自如，章法紧密变化，体现出书者率真自然的艺术追求。该书卷以其空灵的艺术风格和至臻的艺术境界，一直被书法爱好者视为瑰宝。卷前后隔水有宋“宣和”“政和”小玺及历代鉴赏收藏印鉴数十方，并有鲜于枢、张晏、周密等人题跋，清乾隆时入内府，现藏于台北“故宫博物院”。

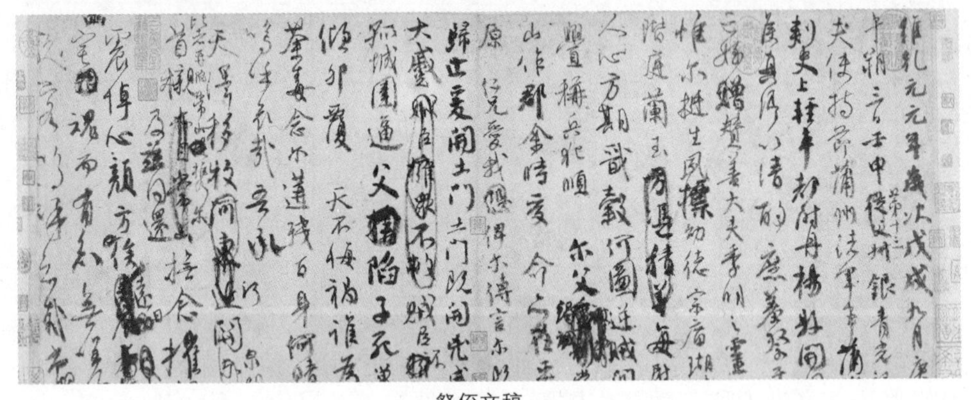

祭侄文稿

苏轼的《黄州寒食帖》则被称为“天下第三行书”，又名《黄州寒食诗帖》或《寒食帖》，此卷横长 34.2 厘米，纵长 18.9 厘米，共有 129 字。此帖是苏轼被贬至黄州第三年的寒食节所作，共有两首诗，其一：“自我来黄州，已过三寒食。年年欲惜春，春去不容惜。今年又苦雨，两月秋萧瑟。卧闻海棠花，泥污燕支雪。暗中偷负去，夜半真有力，何殊病少年，病起须已白。”其二：“春江欲入户，雨势来不已。小屋如渔舟，濛濛水云里。空庖煮寒菜，破灶烧湿苇。那知是寒食，但见乌衔纸。君门深九重，坟墓在万里。也拟哭途穷，死灰吹不起。”内容苍凉悲怆，情感沉郁顿挫，由此写就的书法也表现得跌宕起伏，恣肆奇崛，而无荒率之笔。南宋张演有题跋曰：“老仙（指苏轼）文笔高妙，灿若霄汉、云霞之丽，山谷（指黄庭坚）又发扬蹈厉之，可谓绝代之珍矣。”历代收藏家对《黄州寒食帖》推崇备至，后一直被皇室珍藏。清咸丰十年（1860

年）英法联军火烧圆明园，《寒食帖》遂流落民间，为冯展云所得，冯死后为盛伯羲密藏，盛死后被完颜朴孙购得，后几经辗转流入日本。第二次世界大战结束后，中国政府即以重金购回，现藏于台北“故宫博物院”。

世人习惯将《黄州寒食帖》与东晋王羲之的《兰亭序》、唐代颜真卿的《祭侄文稿》合称为“天下三大行书”，它们各领风骚，称得上是中国行书书法史上的三块里程碑。除此之外，王献之的《鸭头丸帖》、东晋王珣的《伯远帖》，唐代李邕的《麓山寺碑》等都是行书书法的扛鼎之作。

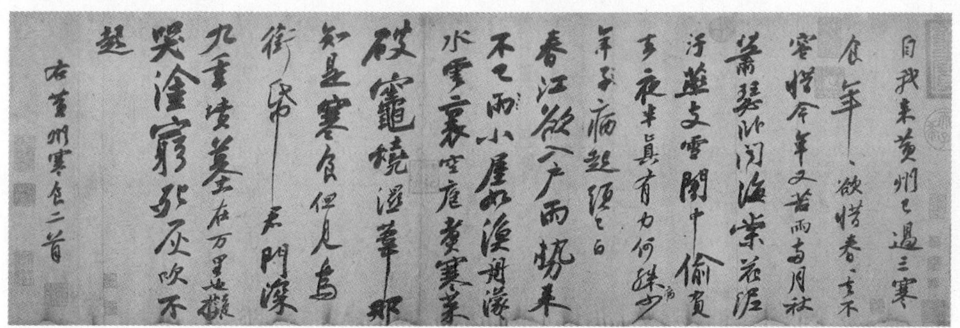

黄州寒食帖

第四编　汉字与社会风俗人生

世界上每一种文字都蕴藏着丰富的文化信息，是其文明与文化的载体。汉字具有强大的表意功能，其中暗藏的文化信息是任何现存文字所无法比拟的。每一个汉字都是一副原始的先民图，每一个汉字背后都有一段有趣的历史。汉字的一笔一画是对先民生活的真实写照，充满了时代色彩。因此，要想深入研究中国人的思维方式、伦理价值、心理特征，还得从汉字入手。

一、汉字与传统服饰

服饰不仅具有蔽体保暖之功效，更为重要的是它兼风俗、宗教、审美于一体，在很大程度上构筑了一个民族的文化精神。中国文化同中国服饰亦息息相关，《易传 · 象传》云：“刚柔交错，天文也；文明以止，人文也。观乎天文，以察时变；观乎人文，已化成天下。”其中，“文”的本义就是纵横交错的花纹、纹理。早在原始社会时期，山顶洞人就已对服饰进行了美化加工。进入殷商后，服饰则成为身份的象征，开始规定长幼尊卑，可见服饰是古代政治生活中的重要组成部分。尤其到了周代，祭服、朝服、戎服、丧服、婚服皆有严格的区分，一般情况下，地位越高，服饰的色彩就越多。

在古代，“衣”由头衣、体衣、足衣三个部分组成。所谓“头衣”，其实是指我们头上戴的帽子或头巾，而“体衣”就是穿在我们身体上的衣服，“足衣”，顾名思义就是套在我们脚上的鞋子了。“衣”的出现是社会文明的一大进步，我们十分熟悉的“文章”一词，它最初的意思就是我们身上穿着的“衣”。“文章”亦称“文采”，是绣绘于冕服上的花纹图案，古代天子的冕服共有十二章，即十二种不同的花纹图案。自周以降，日、月、星三章被绘于旌旗之上，冕服遂为九章，即龙、山、华虫、宗彝、藻、火、粉米、黼、黻。因此在古代，衣服是身份的象征，它除了具有御寒遮体及审美功能外，还具有“分贵贱，别等威”的重要作用。尤其在等级森严的宗法氏族社会，衣服是不能乱穿的，如果选择

汉代皇帝冕服图

了与自己身份不符的衣服，那将被看成是僭越礼制的行为，会招来杀身之祸。

我们今天管“头衣”叫作“帽子”，其实在汉以前的古文献中并没有“帽”这个字。在古代，“头衣”还有一个别名叫“元服”，之所以这样称呼是因为在古汉语中“元”指的是“头”，据《仪礼·士冠礼》载：“令月（好月份）吉日，始加元服。”郑玄注：“元，首也。”又《汉书·昭帝纪》载：元凤“四年春正月丁亥，帝加元服”。可见，无论是普通百姓还是帝王，都要选一个吉日“加元服”，为自己戴上一顶合适的帽子。当然这个帽子不是随便选的，不同身份的人要选择不同的“头衣”，一般来说贵族男子戴“冠”，平民百姓戴“巾”，士兵作战时戴“胄”。

冠，其实是古代贵族男人们平日里戴的普通帽子，《礼记·曲礼》云“男子二十冠而字”，可见男子一般要到20岁才行冠礼。《说文解字》曰：“冠，絭也。所以絭发，弁冕之总名也。从冂从元，元亦声。冠有法制，从寸。”段玉裁在《说文解字注》中对此进一步阐释道：“絭也。叠韵为训。所以絭发。絭者，攘臂绳之名。所以约束袤者也。冠，以约束发。故曰絭发。引申为凡覆盖之称。弁冕之总名也。析言之，冕、弁、冠三者异制。浑言之，则冕、弁亦冠也。从冖元。会意。元犹首也。元亦声。……冠有法制。谓尊卑异服。故从寸。古凡法度之字多从寸者。”在段玉裁看来，“元”是头的意思，而“寸”则代表着法度，虽然冠只是贵族男子们日常所戴的普通头饰，但冠仍有法制，需要尊卑异服，不可随意对待。古时候，男子到了20岁行冠礼时要完成一整套程序繁缛、复杂的礼仪，因为男子一旦行过冠礼，就是真正意义上的“男人”了，无论是在社会上还是在家庭内部，都要按成人的处事标准来要求他。《论语》曰：“莫春者，春服既成，冠者五六人，童子六七人，浴乎沂，风乎舞雩，咏而归。”意思是说暮春三月，穿上春衣，约上五六个成人、六七个小孩，在沂水里洗澡，在舞雩台上沐浴着春风，一路唱着歌回家。可见，冠者五六人是说五六个成年人。《礼记·曲礼》记载：“人生十年曰幼，学。二十曰弱，冠。三十曰壮，有室。四十曰强，而仕。五十曰艾，服官政。六十曰耆，指使。七十曰老，而传。八十、九十曰耄，七年曰悼，悼与耄虽有罪，不加刑焉。百年曰期，颐。大夫七十而致事。”“弱”是个名词，表示一个年龄阶段，它和幼年、壮年、强年、老年都表示了人生的不同阶段，王勃《滕王阁序》云：“等终军之弱冠。”我们常说的“弱冠之年”其实是指20岁，可见20岁的青年虽然已经成人，但他还没有完全进入壮年，需要社会的保护。《国语·晋语》云："人之有冠，犹宫室之有墙屋也。""冠"就是古代男性安家立业、立身处世的坚实依靠，体现了一个人的社会地位和尊严，因此古人有时将"冠"看得比生命还重要。据《左传·哀公十五年》记载，卫国发生变乱，孔子的弟子子路被对方砍断了系冠的缨，在生死攸关的时刻他说"君子死，冠不免"，于是便停下来"结缨"，结果很快便被对方杀死了。"冠"在古代一直扮演着十分重要的社会角色，古人的每一个举动似乎都要受到它的束缚。《后汉书·马援传》载，马援未做官时，"敬事寡嫂，不冠不入庐"。又陆游《老学庵笔记》卷二载："先左丞平居，朝章（朝服）之外，惟服衫帽。归乡，幕客来，亦必著帽与坐，延以酒食。伯祖中大夫公每赴官，或从其子赴仕，必著帽，遍别邻曲。"无论是看望寡嫂还是会见乡党，都不忘戴帽。倘若自己的一些过失伤害了别人，也要去冠来恳求对方的原谅，据《史记·魏公子列传》载，战国时赵国公子平原君得罪了信陵君，于是信陵君打算离开赵国，就在这时平原君立刻赶上信陵君，"乃免冠谢，固留公子"。古代常用"弹冠"表示接任官职，所以有一个成语叫"弹冠相庆"，比喻一个人做了官，其余的人也互相庆贺，因为大家将有官可做了。如果犯了错，被罢免了官职，乌纱帽不保，就用"挂冠"一词来形容。清代李渔有词《玉搔头·分任》云："蒿目为时忧，年未艾，霜雪盈头，挂冠无奈君恩厚，铨衡陪掌，簪缨忝继，君父难酬。"

而大夫以上者，往往戴冕而不戴冠。对于"冕"，《说文解字》有记曰："大夫以上冠也，邃延、垂鎏、紞纩。"尤其是到了正式场合，天子以及王公大臣须冠冕，对此王维有诗云："九天阊阖开宫殿，万国衣冠拜冕旒。"冕主要由延、旒、帽卷、玉笄、武、缨、纩、紞等部分组成，戴冕者须身着冕服，唐后改其为二十四旒。清代以降，剃发易服，冕冠随即被废除。

商代兽面纹青铜胄

除冠、冕外，弁也是古代比较尊贵的头衣。《诗·卫风·淇奥》："有匪君子，充耳琇莹，会弁如星。"郑玄笺："会谓弁之缝中，饰之以玉，皪皪而处，状似星也。

天子之朝，服皮弁以视朝。”皇帝的皮弁通常由鹿皮缝制而成，据《仪礼·士冠礼》中郑玄注皮弁：“以白鹿皮为冠。”冠、冕、弁虽为三种不同的头饰，但由于皆为男子头服，故三者总名为“冠”。

如遇战事，则要带上“胄”，杜甫《垂老别》:“男儿既介胄，长揖别上官。”足见，胄是古代征战必备的防御装备。胄又名兜鍪，辛弃疾在《南乡子·登京口北固亭有怀》中写道：“年少万兜鍪，坐断东南战未休。”戴上胄后，面部完全被遮住，而“免胄”则是指取下胄露出面容。据《左传·哀公十六年》载：“（叶公）及北门，或遇之，曰：‘君胡不胄？国人望君若望慈父母焉。盗贼之矢若伤君，是绝民望也，若之何不胄？’乃胄而进。又遇一人，曰：‘君胡胄？国人望君如望岁焉，日日以几。若得君面，是得艾也。民知不死，其亦夫有奋心，犹将旌君以徇于国，而又掩面以绝民望，不亦甚乎？’乃免胄而进。”

古代平民男子不戴冠，故以头巾替代。头巾旧时被称为帻，《说文解字》曰：“发有巾曰帻。”帻能够盖住发髻，并延伸到前额。在古代文献中，有很多关于帻的记述。如《后汉书·光武帝纪》:“三辅吏士东迎更始（指刘玄），见诸将过，皆冠帻，而服妇人衣，诸于绣镼，莫不笑之。”又《世说新语·雅量》记：“太傅于众坐中问庾，庾时颓然已醉，帻坠几上，以头就穿取，徐答云：‘下官家故有两娑千万，随公所取。’”又：“支道林还东，时贤并送于征虏亭。蔡子叔前至，坐近林公；谢万石后来，坐小远。蔡暂起，谢移就其处。蔡还，见谢在焉，因合褥举谢掷地，自复坐。谢冠帻倾脱，乃徐起，振衣就席，神意甚平，不觉瞋沮。”

对于女性而言，女子十五而笄，“及笄之年”简称“及笄”，是说女子到了婚配的年龄。妇女的笄簪也是十分讲究的，据《西京杂记》载：“武帝过李夫人，就取玉簪搔头，自此宫人搔头皆用玉，玉价倍贵焉。”古人称簪为“搔头”，后来笄簪演变为钗。簪上不仅镶以珠玉，而且在簪的根部有下垂的珠子，又称“步摇”，人一走动它就摇晃。白居易曾有诗云：“云鬓花颜金步摇，芙蓉帐暖度春宵。”珠玉金簪大多是贵族妇女的首饰，平民百姓则只能用竹条、荆条做簪，故有“荆钗布裙”之说，而“拙荆”一词也是由此意衍生，是对自己妻子的谦称。

讲完“头衣”，接下来谈谈“体衣”。“体衣”分上衣与下衣，上衣简称“衣”，下衣简称“裳”。衣就是上衣，裳就是下裙。说到裙子，不少人会问：古代的男人也穿裙子吗？其实，我们所说的“下裙”和今天的裙子是不同的。古代人的裙子前面要加上一块精美的布匹，用来遮住留出来的缝隙，古书将这块布称为“韠”，或“韨”。《说文解字》：“市，韠也。上古衣蔽前而已，市以象之。天子朱市，诸侯赤市，大夫葱衡。从巾，象连带之形。”郑玄注曰：“古者佃渔而食之，衣其皮，先知蔽前，后知蔽后，后王易之以布帛。而独存其蔽前者，不忘本也。”比如，古代的帝王和大臣们上朝时穿的龙袍和官服，前面总挂着一块20多厘米宽的精美彩布，这在影视剧里经常见到，其实就是从以前的“韨”演变而来的。《诗·邶风·绿衣》云：“绿兮衣兮,绿衣黄裳。”毛传曰：“上曰衣，下曰裳。”《诗·齐风·东方未明》云：“东方未明，颠倒衣裳。颠之倒之，自公召之。”对此郑玄有笺曰：“挈壶氏失漏刻之节，东方未明而以为明，故群臣促遽，颠倒衣裳。”孔颖达疏：“传：上曰衣，下曰裳。此其相对定称，散则通名曰衣……传言此，解其颠倒之意，以裳为衣，今上者在下，是谓颠倒也。”朝廷兴居无节，朝令夕改，众官因此匆忙而乱了顺序，导致伦常失秩。

古代与“衣”相关的字很多，有衬、衫、袆、衲、衽、襟、袄、袂、袖、袗、袍、裥、褶、褂、裾、襦、裳、裘等等。汉代有“深衣曲裾”一说，其实弄懂了这个词，对古代的服饰构造也就基本清楚了。深衣是汉代的特定服饰，郑玄言：“深衣，连衣裳而纯之以采者。”孔氏正义曰：“所以称深衣者，以余服则上衣下裳，不相连，此深衣衣裳相连，被体深邃，故谓之深衣。”深衣将上衣下裳连在一起，这和平日所穿的“余服”是不同的。深衣的边幅由不同颜色的布料组成，华丽而雍容，有关深衣的详细描述可见《礼记·深衣》。“古者深衣，盖有制度，以应规、矩、绳、权、衡。短毋见肤，长毋被土。续衽，钩边。要缝半下。袼之高下，可以运肘。袂之长短，反诎之及肘。带，下毋厌髀，上毋厌胁，当无骨者。制十有二幅，以应十有二月。袂圜以应规。曲袷如矩以应方。负绳及踝以应直。下齐如权、衡以应平。故规者，行举手以为容；负绳抱方者，以直其政，方其义也。故《易》曰：‘坤六二之动，直以方也。’下齐如权、衡者，以安志而平心也。五法已施，故圣人服之。故规、矩取其无私，绳取其直，权、衡取其平，故先王贵之。故可以为文，可以为武，可以摈、相，可以治军旅，完且弗费，善衣之次也。具父母、大父母，衣纯以缋。具父母，衣纯以青。如孤子，衣纯以素。纯袂缘、纯边，广各寸半。”上述文字中提到的“续衽”“钩边”，“衽”其实就是衣襟，“续衽”，顾名思义就是衣襟接长的部分，而“钩边”则是绕襟的样式。曲裾，则是汉服深衣的一种，湖南长沙马王堆一号汉墓出土的汉代帛画中的妇女身穿的就是一种曲裾。曲裾的样式大都是宽袖紧身的绕襟长衣，衣服几经转折，绕至臀部，再用绸带系束。在《礼记集解》《深衣考》等文献中，还可以发现古代对深衣曲裾的颜色亦有严格规定。如若祖父母、父母皆健在的，缘用彩色；若父母全、祖父母不全，缘用青色；父存母亡，缘用青色；若父亲亡，缘用素色，衣料颜色则避免用素色。缘，从糸，从彖，其实就是指衣服的包边。实际上，自周代始，朝廷就设置了专门管理植物染料的官员负责“掌染草”，用朱砂、石黄、空青、靛蓝、红花、乌梅、槐花、棓子等矿物染料和草木染料浸染衣物。除此之外，周代还设立“典妇功”“缝人”专门负责刺绣，《周礼》中说：“五采备，谓之绣。”周代“以纹为贵”传到了汉，而汉服中的纹章则体现了汉族先民对天形地象、阴阳八卦、宇宙变化的体察。《诗》云：“君子至止，黻衣绣裳。佩玉将将，寿考不忘。”黄帝的黻衣是最早的带有纹章的上衣，黻即两色相背的章纹。讲到纹章，就不得不细说一下“十二章纹”。十二章纹又称“十二章”“十二文章”，是古代帝王及高级官员礼服上绘绣的十二种纹饰，分别为日、月、星辰、群山、龙、华虫、宗彝、藻、火、粉米、黼、黻。十二章纹的内涵十分丰富：日、月、星辰，取其照临之意；群山，取其稳重、镇定之意；龙，取其神异、变幻之意；华虫，羽毛五色，甚美，取其有文彩之意；宗彝，取供奉、孝养之意；藻，取其洁净之意；火，取其明亮之意；粉米，取有所养之意；黼，取割断、果断之意；黻，取其辨别、明察、背恶向善之意。十二章纹的起源可追溯到远古时期，至周代正式被确立为历代帝王的服章制度，一直沿用到近代袁世凯复辟帝制举办祭祀大典。汉服“始于黄帝，备于尧舜”，并通过先王六经形成完备的冠服体系，是神道设教的重要部分。“黄帝、尧、舜垂衣裳而天下治，盖取自乾坤”，是说上衣下裳的形制取自天意，是神圣的。汉服因其深厚的文化底蕴影响了整个汉文化圈，而今日本、朝鲜、蒙古、不丹等地的服饰仍旧具有汉服的不少特征。

足衣，顾名思义就是穿在足上的装束。先秦时期，足衣泛指鞋袜，自西汉始，足衣便有了内外之分。内足衣就是袜子，外足衣就是鞋子。大家都知道“郑人买履”的故事，其中的“履”就是鞋。《说文解字》曰：“足所依也。。”

可见，“履”就是足的“依靠”，因此要大小合适。古人的鞋种类繁多，因制作材料和工序不同，名称也有所不同，常见的有屦、屩、屐、靴、鞮等。

屦，是一种用草、麻、绳制成的草鞋，普通百姓常穿屦，草屦也是丧服及罪服的一部分。对于屦，段玉裁曾解释道：“今时所谓履者，自汉以前皆名屦。《左传》：‘踊贵屦贱。’不言‘履贱’。《礼记》：‘户外有二屦。’不言‘二履’……履者足践之通称。”其中的“踊贵屦贱”一词便点出了屦的特点。白居易有诗云：“绡巾薄露顶，草屦轻乘足。”草屦也是许多士大夫的最爱，如《宋史·吕祖俭传》：“在谪所，读书穷理，卖药以自给，每出，必草屦徒步，为逾岭之备。”《左传·襄公十七年》：“齐晏桓子卒，晏婴粗缞斩，苴绖，带，杖，菅屦。”其中的“菅屦”是一种用葛藤加工成的绳子编的鞋，也叫“葛屦”，比一般的草鞋要高级些。《诗经·小雅·葛屦》：“纠纠葛屦，可以履霜。”葛屦为天暖时穿。至于《礼记·少仪》中“君子不履丝屦，马不常秣”的“丝屦”，则是肉食者的专利。据《老学庵笔记》载：“禁中旧有丝鞋局，专挑供御丝鞋，不知其数。尝见蜀将吴珙被赐数百緉，皆经奉御者。寿皇即位，惟临朝服丝鞋，退即以罗鞋易之，遂废此局。”以上可见丝鞋的成本与造价极高，“专挑供御”与普通百姓并没有多大关系。至于屩，也是草鞋的一种，行走轻便，《释名·释衣服》：“屩，草屦也。……出行着之，屩轻便，因以为名也。”

屐，是用木头做的鞋，中国人穿木屐的历史至少有3000多年。汉代刘熙《释名·释衣服》：“屐，榰也。为雨，足榰以践泥也。”唐代颜师古《急就章注》：“屐者，以木为之而施两齿，所以践泥。”木屐是一种两齿木底鞋，是汉代常见的足衣。《南史·谢灵运传》载：“（灵运）寻山陟岭必造幽峻……常著木屐，上山则去前齿，下山去其后齿。”后来人们就将这种屐取名为“谢公屐”，李白《梦游天姥吟留别》云：“脚著谢公屐，身登青云梯。”“谢公屐”其实就是古人常穿的旅游鞋。由于屐善走泥路，古人不仅旅游常穿，雨季也离不开它。古代军队也采用了平底木屐，为了防止脚部被杂草刺莽扎伤。不仅如此，平民也常穿木屐，防止脚被带刺植物扎伤。木屐在汉代传入日本，如今，日本人仍旧保留着穿木屐的习惯，走起路来吱吱作响，但耐磨防滑，保健功效极好，深受当地民众青睐。

靴，《说文新附》云：“靴，鞮属。”靴原本是北方少数民族的说法，因此，古人常将靴叫作“蛮靴”。唐代舒元舆《赠李翱》诗云：“湘江舞罢忽成悲，便脱蛮靴出绛帷。”可见，蛮靴在唐代已是舞蹈必备的道具，对此，清代陈维崧在小词《采桑子·题画兰小册》中写道：“衮徧筝琶，舞煞蛮靴，百幅红兰出内家。”

鞮，简单地说，就是古代的皮鞋。《说文解字》云：“鞮，革履也。从革是声。”在古代，革是对兽皮的称呼。中国人穿皮鞋的历史相当悠久，相传在黄帝时，人们就“用革造扉、用皮造履”。至商周时，皮鞋的制造技术已十分成熟，许多西周青铜器铭文中有不少关于皮革制品生产的记载。春秋战国时期，军事家孙膑被庞涓砍去膝盖骨，为了便于行走，逃到齐国的孙膑让鞋匠用皮革缝制了一双“高甬子履”，这双鞋其实就是皮鞋的雏形。后来，孙膑依靠这双结实的皮鞋，乘车指挥数万大军，出奇制胜，大破魏军，庞涓也在混战中丧命。因此，孙膑也被后人推崇为“制鞋始祖”。

古代的袜子也是重要的足衣。《说文解字》：“袜，足衣也。”《左传·哀公二十五年》：“卫侯……与诸大夫饮酒焉，褚师声子袜而登席。公怒，辞曰：‘臣有疾，异于人。若见之，君将彀之，是以不敢。’”在古代，下属需解袜才能登席，否则便是对上级的不敬。袜子在西周时已经出现，但制作极其简单，属于系带袜，到了汉代才出现了缝制精细的袜子。长沙马王堆一号汉墓出土的女袜用素绢制成，这种袜子的制作技术较高，此外还有锦袜、绫袜、纻袜、绒袜、毡袜等。魏晋时期的袜子多用麻布和帛制成，这种袜子十分轻柔，曹植曾在《洛神赋》中这样描述：“凌波微步，罗袜生尘。”元代以后，棉花开始广泛种植，袜子也多用棉布制作。清代民间的袜子也用棉布制成，但王公贵族的袜子多用绸缎缝制，皇帝的袜子还要饰以金缎花边，通绣龙纹，弥足珍贵。

二、汉字与饮食文化

俗话说，“民以食为天”，究竟什么是“食”呢？“食”，《说文解字》：“一米也。从皀亼声。或说亼皀也。凡食之属皆从食。”亼，从入从一，象三合之形，古通“集”，有集合、聚集之意。皀，从白从匕，匕亦声，指“谷粒”或“谷粒原生的香味”。“食”将“亼”“皀”二字结合，意谓聚集在一起的谷粒，这是“食”的本义。甲骨文的“食”也是由上下部分构成，“”上部的三角符号表示朝下吃东西的“口”，两个“、”则表示垂涎时的唾液；金文“”的形状和甲骨文的差别不大，但将“”写成了“”，表示盛器中的事物不仅仅是豆，还有其他谷物。篆文“”下方的“”为匙子，表示正在进食。从上述分析可以看出，“食”字的最初意思是一个装满食物的器皿，但随着时代变迁，“食”演化成了动词“吃”，如《孟子·梁惠王上》曰：“狗彘之畜，无失其时，七十者可以食肉矣。”又苏洵《六国论》曰：“吾恐秦人食之不得下咽也。”“食”常与“粮”相连，组词为“粮食”，这是因为“食”有时也可以直接替代“粮”，如《战国策·西周策》：“籍兵乞食于西周。”再如，《三国志·诸葛亮传》：“百姓孰敢不箪食壶浆以迎将军者乎？”在古代，“食”与“粮”具有同一个意思，可以互换使用。“粮”是一个形声字，左为形旁，右为声旁。许慎《说文解字》说：“粮，谷食也。”“粮”是各种谷物的总称。我们常说“五谷杂粮”，其实“五谷”起初并无特定的说法，如《周礼·天官·疾医》：“以五味、五谷、五药养其病。”郑玄注：“五谷，麻、黍、稷、麦、豆也。”《素问·藏气法时论》：“五谷为养。”王冰注：“谓粳米、小豆、麦、大豆、黄黍也。”《孟子》：“树艺五谷，五谷熟而民人育。”赵岐注：“五谷谓稻、黍、稷、麦、菽也。”《楚辞·大招》：“五谷六仞。”王逸注：“五谷，稻、稷、麦、豆、麻也。”佛教祭祀时又称五谷为“大麦、小麦、稻、小豆、胡麻”。明清时期，五谷在民间已经基本定型，分别是“黍、稷、麦、菽、麻”，再加上“稻”，即为“六谷”。六谷的字形与其生长习性有很大关联，现依次简要叙述如下。

“黍”，从禾，雨省声。《说文解字》曰：“黍，禾属而黏者也。”早在先秦时期，黍就是我国重要的耕种作物。如《诗·魏风·硕鼠》云：“硕鼠硕鼠，无食我黍！”《论语·微子》曰：“止子路宿，杀鸡为黍而食之。”黍亦称“糜子”，是杂粮的一种，熟后呈金黄色，去皮后黏性很强，是端午节粽子以及油糕的主要原料。孔子认为黍可为酒，但这种酒价格昂贵，民间很不常见，故北魏贾思勰《齐民要术》有记载：“粟米酒……气味香美，不减黍米酒。贫薄之家，所宜用之。黍米贵而难得故也。”

《诗》云：“彼黍离离，彼稷之苗。”《国语·晋语》云：“黍稷无成。”讲到“黍”，就不得不谈一谈“稷”。稷，从禾，畟声。《说文解字》说：稷，五谷之长。稷原是周民族的始祖后稷，五谷之神中的原隰之祇，故自古帝王奉稷为谷神。我们常说“江山社稷”，“社”就是土神，而“稷”则为谷神，“社稷”就是土神和谷神的总称。《本草纲目》讲：“黏者为黍，不黏者为稷。”黍与稷外形极为相似，古人常根据黏性来区分黍、稷。《广雅》载：“稷，今人谓之高粱。”也有不少地方认为稷就是高粱米。《补缺肘后方》则认为稷就是粢米，亦称穄米，是起源于中国北方的小粒粮，秆粗壮，节密被髭毛，节下具疣毛，叶鞘松弛，这的确很像“稷”字的形制。据《本草纲目》记载：“北边地寒，种之有补。河西出者，颗粒尤硬。稷熟最早，作饭疏爽香美。”随着水稻、小麦种植技术的提高，稷不再是人们的主食，但因其所具备的补中益气、治脾胃虚、清热凉血等特殊功效，现已成为一味十分重要的祛病中药。

“麦”，甲骨文字形，从夂，来声。“来”是“麦”的本字，甲骨文“[illegible]”像长满叶子的麦子。“来”的本义为“外来”，所以麦的甲骨文“[illegible]”就是“来”加一个倒写的“夂”（止）。金文、篆文承续甲骨文字形，分别写为“[illegible]”“[illegible]”，隶书则将麦写为“[illegible]”，很像丰收的“丰”。《说文解字》说：“麦，芒谷。秋种厚埋，故谓之麦。麦，金也。金王而生，火王而死。从来，有穗者；从夕。凡麦之属皆从麦。”可见，麦是一种带刺的谷物，属金，火旺则死。麦的种类很多，有小麦、大麦、燕麦、黑麦等，后来专指小麦。小麦从古代的伊朗经波斯湾传入中原腹地，成为我国北方最主要的农作物。“麦”的繁体字为“麥”，“夕”为“飧”省，指“晚饭”，“来”与“夕”结合，表示麦为日落时分的晚饭——面食。《诗 · 鄘风 · 载驰》云 ：“芃芃其麦。”足见，早在先秦时期，麦已是中国先民的主要农作物了。

“豆”，甲骨文字形为“豆”，很像高脚器皿，上面的一横表示盖子，中间一横指器皿中的食物，下部就是高脚盘。《说文解字》讲 ：“豆，古食肉器也。从口，象形。凡豆之属皆从豆。”“豆”最早并不指可食用的植物，而指吃肉时用的盛器。再如，《诗 · 大雅 · 生民》云 ：“昂盛于豆。”这种“豆”，很有可能是商周时期的陶器，后世不少专家认为它是古代天子祭祀时用的礼器。金文“豆”省去中间的一横，成了“豆”。篆文承续金文字形，为“豆”。古人常假借“豆”代替同音的“荳”，豆也就成了具有食物含义的菽类作物。据贾思勰《齐民要术》记载 ：“四月时雨降，可种大小豆。”豆是双子叶植物的一种，黄豆、绿豆、蚕豆、红豆、豌豆、花生等皆为豆类植物。豆类及豆制品的蛋白质含量很高，在我国菜肴中占有重要地位。在古代，“豆”与“菽”意思相同，“菽”篆文写作“尗”，很像豆类生长的样子。“菽”为形声字，“艹”为形旁，“叔”为声旁，是豆类的总称。《诗经 · 小雅 · 小宛》有云 ：“中原有菽，庶民采之。”《春秋》中则直接指出豆与菽属于同类，“菽者稼最强。古谓之尗，汉谓之豆，今字作菽。菽者，众豆之总名。然大豆曰菽，豆苗曰藿，小豆则曰荅。”古人通常以“菽水”指代粗茶淡饭，成语“菽水承欢”意谓用豆子和水这类最简单的食物奉养父母、博取父母的欢心，指身虽贫寒，但能够尽心孝养父母。故《礼记 · 檀弓下》曰 ：“啜菽饮水，尽其欢，斯之谓孝。”李商隐有诗云“弓裘望袭，菽水承欢”，以此表达对长辈恩情的怀念。陆游《湖堤暮归》诗曰 ：“俗孝家家供菽水，农勤处处筑陂塘。”再如高明《琵琶记 · 高堂称寿》：“入则孝，出则弟，怎离白发之双亲？到不如尽菽水之欢，甘齑盐之分。”不难看出，“菽水”已成为古代孝道的代名词。

“五谷”中的“麻”是我国古老的农作物中的一种，其籽可以充饥。“麻子”比绿豆略小，主要用来榨油，它的茎皮经沤制可以做麻绳。《说文解字》讲 ：“麻与林同。人所治，在屋下。从广从林。凡麻之属皆从麻。莫遐切。”麻中的“广”

是“厂”的误写，“厂”表示工棚，表示古人在屋子下面将韧皮从茎秆上剥离，最后剩下白色纤维，作为纺织的主要原料。麻是草本植物，种类繁多，有亚麻、苎麻、黄麻、蕉麻等。《礼记·杂记下》载：“麻不加于采。”麻也是对麻衣即孝服的代称，故有“披麻戴孝”之称。

“稻”，甲骨文写作“”，其中的“”指用簸箕扬糠，而“”则指舂米的石槽，“”代表簸箕上方扬糠时的糠尘。《说文解字》：“稻，稌也。从禾舀声。”其中的“禾”指“谷物”，“舀”为声旁，“稻”为抛秧苗到水田里栽种的谷物。稻和麦一样，是现代人食用的日常谷物。稻，按其生存环境的不同，可分为水稻、旱稻和海稻。水稻为最早的稻类谷物，约公元前4000年起源于地处亚热带的中国长江下游地区，后逐渐向西向南传播，中世纪被引入欧洲。稻按谷壳的颜色可分为红色和白色两种，上好的稻米十分洁白，呈长粒状，煮熟后清香满室、绵软可口。稻可以用来酿酒，酿出的酒口感香甜，不甚浓烈，也可做成米糕等点心，是我国南方的最主要作物。

“禾”为古代谷物的总称，“禾”派生出了很多与粮食作物有关的字，除了上面讲到的“稻”以外，还有“秕、秸、穗、秆、秧”等。再如“季、秀、秋、香”这类字虽无粮食之意，但与粮食却有很大关系。如“秋”表示粮食丰收的季节；“秀”代表粮食的颜色；“香”是说粮食的气味；而“季”上面是禾苗，下面的“子”是婴儿，特指幼苗。“米”是对粮食作物去皮后籽实的统称，汉字中的部首如果是“米”字，大多与粮食有关，如“粳、粱、粟、糟、糠，糜”等；人们还根据米的优劣，派生出了一些表示米好坏的字，如“精、粹、精、糙”；还有一些特殊的字与米的交易有关，如“粜”和“籴”。

用粮食做成的主食，种类非常繁多，常见的有面条、馒头、麻什、饼、饺子、蒸糕等。但秦以前，用脱壳谷物做成的食物多被称为干粮，人们生产生活、行军打仗也多以干粮作为补给。“糗”和“饼”在当时是常见的谷物类干粮。关于糗，《说文解字》曰：“熬米麦也。”据《康熙字典》载：“糗，捣熬谷也。”足见糗就是慢火以较长时间熬制的糊状米麦。济南话里仍将煮饭称为“糗饭”，这其实是古汉语的遗存。但也有不少专家认为，糗在古代是一种炒熟的米或面，这种食物如今在西北很多地方依然存在。“饼”的意思则和今天没有多大区别，“饼”由“食”和“并”组成，其中的“并”既是声旁也是形旁，《说文解字》云："饼，面糍也。从食，并声。"饼是一种用面粉或米粉做成的扁圆状干粮，其中的"并"意为可将面粉、薯粉、蔬菜等多种食物共同作为原料，故《释名》说："饼，并也。溲面使合并也。"饼不仅香甜可口、利于携带，而且长期不腐、易用保存，因此深受普通民众的喜爱。除干粮外，"粥"是古人常食用的带汤主食。"粥"亦称糜，是稻米、小米等粮食煮成的稠糊状食物。"粥"是一个会意字，从米，从二弓。"米"指米粒，"弓"意为"涨大"，意为用水煮的方式将米粒膨胀、增大。但也有学者认为，"粥"是"鬻"的异体字。"鬻"中的"鬲"指代煮锅，两个"弓"代表煮米时冒出的蒸汽，后隶书省去篆文字形中的"鬲"，将"鬻"简化成了"粥"。

除谷物做成的食物外，瓜果蔬菜、动物肉也是古代先民饮食的必备辅食。

"瓜"是"苽"和"蓏"的本字，金文"[illegible]"的"[illegible]"像藤茎，中间的"[illegible]"就是挂在藤上的果实。《说文解字》："瓜，㼌也。象形。凡瓜之属皆从瓜。"篆文在葫芦和藤茎上加草，造成"苽"。汉字中表示蔬菜类词语的，基本上都带有草字头，如葱、蒜、芹、菘等。"葱"是一个形声字，从草，悤声。《说文解字》："葱，菜也。"葱的本义是指一种蔬菜。葱是一种草本植物，呈圆柱形，中空，可做调味品，亦可为药用。"蒜"，其中的两个"二"表示整齐、相等，而两个"小"则表示剥离、分开。"蒜"是形声字，从草，祘声，属于葱科草本植物。《说文解字》："蒜，荤菜也。"对此，段玉裁在《说文解字注》中认为："蒜，荤菜也。菜之美者云梦之荤菜。"还有一种常见蔬菜，并不带有"艹"，这就是"韭"。许慎认为，"韭，菜名，一种而久者，故谓之韭。"韭为百合科葱属草本植物，鳞茎簇生，《礼记·曲礼下》："韭曰丰本。""韭"是象形字，"一"，地也，"非"是长在地上初生的植物，与"耑"同意，"耑"物初生之状，上像生形，下像其根。

为补充必要的脂肪及蛋白质，中国先民也常食动物之肉。在汉字中，凡是与"肉"相关的汉字，大多被加上了"月"字旁。我们不免要问，月字和肉字为什么会联系到一起？其实"月"和"肉"都是象形字，二者的形状原本就很相似。到了汉代，为了书写的便利，汉隶基本"月""肉"不分，凡是与"肉"相关的汉字，其"肉"旁皆化为"月"旁。在今天，"月"部表示与月亮相关的字并不多，大概只有 10 个字，如：明、朗、朦、胧、朔、望、朏、朓、有、期等。而腊、脯、肝、肺、肱、股、胸、肾、腹、背这些字，虽与“肉”相关，却都被加上了“月”的偏旁。我们知道，中原汉族喜吃猪肉、鱼肉，草原上的少数民族则更青睐牛肉、羊肉。像无数人一样，圣人孔子非常喜欢吃肉，《论语》说：“子在齐闻韶，三月不知肉味，曰：‘不图为乐之至于斯也！’”肉味诱人而难忘，而韶乐尽善尽美，孔子竟然将肉味都忘了，将雅乐与肉作比，可见肉在那个时代极为紧缺。“阳货欲见孔子，孔子不见，归孔子豚。”权臣阳货想召见孔子，孔子不去，便送给孔子一个蒸熟了的乳猪。上述事例也证明了肉在古代是极为珍贵的，享用它的往往是达官贵人，但这些人也常常遭到百姓们的嘲讽，如左丘明在《左传·庄公十年》中就明确指出：“肉食者鄙，未能远谋。”在古代，“猪”常被写作“豕”。“豕”是一个象形字，甲骨文字形很像猪形，“长吻，大腹，四蹄，有尾”。《急就篇》：“六畜蕃息豚豕猪。”颜师古注：“豕者，彘之总名也。”“豕”也称猪、豚、彘，豚特指公猪，彘则指母猪。“家”是人们遮风避雨居住的地方，我们知道“家”字的下半部分就是“豕”字。但“家”是人住的地方，不是猪圈，为何“宀”的下面没有“人”，却是“猪”呢？其实，早在远古时期，生产力极为低下，农作物种植技术还未成熟的时候，狩猎是主要的生活来源，但狩猎的偶然性很大，危险系数也较高，因此人们开始饲养牲畜。“豕”是较早被驯化的动物之一。有了饲养物，人们不会再像狩猎那样四处游荡，生活终于得以安定。所以，有了“猪”，才算拥有了一个真正的“家”。除此之外，“牛”也是十分重要的肉食，如“牺牲”一词的偏旁皆为“牛”。“牺牲”的原义并不是“为国家舍弃自己的生命”，它是名词，特指古代祭祀或祭拜的用品。由于古人祭祀用的大多是牛、羊一类的牲畜，故“牺牲”一词被加上了动物的偏旁。《左传》云：“牺牲玉帛，弗敢加也，必以信。”又《汉书》：“河龙供鲤醇牺牲。”颜师古注：“醇谓色不杂也。牺牲，牛羊全体者也。”牛的甲骨文为“𠂉”，很像牛头部的线描，鼻孔在鼻尖上形成“V”字形状，金文“Ψ”承续甲骨文字形，篆文写为“牛”，隶书“牛”则使整体字形完全失去动物形象。由于牛体庞力大，助益农耕，且较为温顺，所以古人视牛为神物。在古代，“牡”代表公牛，“牝”则特指母牛，用于祭祀的小公牛为“特”。《说文解字》：“牛，大牲也。牛，件也；件，事理也。象角头三、封尾之形。凡牛之属皆从牛。”古代所有与牛相关的字，都用"牛"做偏旁，如物、解、件等。牛和羊都是古代主要家畜，但相对"牛"而言，"羊"在民间的影响则更广。"羊"的甲骨文很像两角弯曲的羊，两鼻孔在鼻尖上形成"V"状，凸显了羊温顺的性格。"羊"字优雅的造型，无不体现了古人独特的审美心理。金文"羊"承续甲骨文字形，但金文"𦍌"更加突出羊弯曲的尖角。篆文与金文字形基本相同，隶书则将羊写成"羊"，至此，羊角、羊嘴消失殆尽。《注文解字注》说："羊，祥也。""羊"是"祥"的本字，所以与"羊"有关的字，其意大都为褒义，如鲜、群、善、养、義等。因此，古人制造了很多和羊有关的饰品、器具以求吉祥，著名的有商代晚期的四羊方尊与四羊首瓿、西周时的羊首耳涡纹罍、汉代早期的卧羊纹饰牌与羊灯、汉代中期的双羊尊等，皆表达了先民们对"祥"的祈求与渴望。在众多古器物的铭文中，"吉祥"也多作"吉羊"。民间也常以三羊喻"三阳"，成语"三阳开泰"（又作"三羊开泰"），寓意祛邪纳吉，吉祥好运接踵而来。《说文解字》曰："美，甘也。从羊从大。"认为羊大就是"美"，不少学者也由此以为美字由"羊"与"大"组合，"羊大为美"。但也有部分学者认为："美"的上半部并非羊，而是人头上的饰品；下半部是"大"，是"人"把双手展开兴高采烈的样子。但从羊是古人重要的衣食来源、生活补给来看，"羊大为美"是先民最早的审美标准这一观点也似乎不无妥当。

古代食物五花八门，但面对种类繁多的食材，如何使其变成饭桌上的珍馐美味，怎样的烹饪才更有利于人类健康？针对这个问题，中国先民也是花了不少心思和功夫，最终发明了炒、爆、熘、炸、烹、煎、溻、贴、瓤、烧、焖、煨、焗、扒、烩、烤、熏、汆、炖、熬、煮、蒸、涮……近30种烹饪方法，这不能不说是人类饮食史上的一大奇迹。与之相应的古代炊具也很多，主要有8种：分别是灶、鼎、鬲、甑、釜、甗、鬶。《说文解字》曰："灶，炊灶也。""灶"的金文是上方为一个"穴"字，下面是一个多足的蟋蟀，由于秋冬时节，蟋蟀等昆虫喜欢待在有温度的地方，所以每日烧火做饭的灶台成了它们的常居之所。简体的"灶"为"土"加一个"火"字，

商代青铜胄鬲

白陶鬶

是谓烧火煮饭的土台。“鼎”在最初也是煮饭的炊具，《说文解字》云：“鼎，三足两耳，和五味之宝器也。昔禹收九牧之金，铸鼎荆山之下，入山林川泽，螭魅蛧蜽，莫能逢之，以协承天休。《易》卦：巽木於下者为鼎，象析木以炊也。籀文以鼎为贞字。凡鼎之属皆从鼎。”鼎，甲骨文写为“[illegible]”，三根立足，两只提耳，是用来调和味料的宝器，盛行于商周时期，成为皇室熬制食物的专用器皿。因此，鼎逐渐成为身份与权力的象征，于是便有了后来的“问鼎中原”之说。

鬲也是古代煮饭用的炊具，它也有三个足，不过是中空的，口向外倾斜，沿上有两个直耳，《说文解字》：“鬲，鼎属，实五瞉，斗二升曰瞉。象腹交文，三足。”西周后期的鬲由原来的陶制鬲逐渐演变为青铜鬲，多为高领、短足、无耳，便于快速加热。

相对前两者而言，釜是我们在古文献中常见的炊具，曹植《七步诗》云：“萁在釜下燃，豆在釜中泣。”成语“釜底抽薪”之釜是指安置在炉灶上圆底无足的圆形大锅。釜敛口圜底，或有二耳，可直接用来煮、炖、煎、炒，因此是古代使用最为广泛的炊具。

青铜斝

鬶，是一种炊、饮两用的陶制器具，《说文解字注》曰“鬶，三足鬴也。有柄喙”，因此它的形制和与鬲十分相似。但鬶的口部有槽型的“喙”，是为了便于饮羹汤热酒。鬶主要流行于新石器时代，制作精美，是龙山文化的代表。在古代，专门用于盛酒的酒器有很多，常见的有尊、壶、爵、角、觥、彝、卣、罍、瓿、杯、卮、缶、豆、斝、盉等。尊，今写作樽，是商周时的一种气筒酒器，长颈敞口，造型甚高，上饰三牺首，花纹精美富丽。宋以后瓷尊盛行，汝窑三足尊、出戟尊都是著名的宫廷酒器。明清景德镇还烧制了形态各异的鱼篓尊、马蹄尊、萝卜尊、牛头尊等。罍，不但是古代的酒器，也是重要的礼器，故《诗经 · 周南 · 卷耳》云 :“我姑酌彼金罍，维以不永怀。”罍流行于商周时期，造型有圆形、方形两种，深腹圆鼓，口短颈，器身往往饰满花纹，常见的有饕餮纹、龙纹等，显得十分神秘厚重。斝是古代用于温酒的酒器，有也被用作礼器，斝的形制较多，有圆形、方形两种，口沿上有一柱或二柱，三足一耳圆口，呈喇叭形。商汤打败夏桀之后，定其为御用的酒杯。《诗经 · 大雅 · 行苇》曰 :“或献或酢，洗爵奠斝。”斝作为礼器，在行祼礼时也常与觚、爵等成套使用。

三、汉字与建筑居住

《庄子 · 盗跖》:“古者禽兽多人民少，于是民皆巢民以避之。”有了人类，也就有了建筑。在汉字史上，涉及建筑的汉字非常繁多，如亭、台、楼、阁、轩、苑、囿、坞、庭、舫、榭、院、馆、堂、房、室、塔、墓、龛、庵、庙、观、寺等。古代坟墓也被看成是建筑的一种，由于古人对生死极为重视，所以陵寝的建造也是花样百出，常见的有：冢、丘、陵、坟、墓、林等，而其中的“冢”与“家”，一看就存在着异曲同工之妙。

《墨子》讲：“古者人之始生，未有宫室之时，因陵丘堀穴而处焉。”可见，早期先民的居所并没有上述那么复杂，未有宫室之时，“洞穴”便是先民们的主要住所。《诗 · 大雅 · 绵》曰：“古公亶父，陶复陶穴，未有家室。”毛传：“陶其壤而穴之。”高亨注：“向下掏的洞叫作穴，即地洞。”洞穴太小，不能容纳太多的人，于是人们便掘造复穴，其中的“陶”就是挖掘的意思。对于“穴”，《说文解字》说：“土室也，从宀，八声。”朱俊声《说文通训定声》解释为：“象嵌空之形，非八字。”而今，青海南部的巴颜喀拉山地区、安阳小南海遗址、竹园沟石器时代遗址都保存了人类最早的嵌空式洞穴。山西、陕西现存的窑洞，实际也是远古洞穴的“孑遗”。后来表示建筑的汉字也多以“宀”为部首，如“宫”“室”“家”“宅”“寨”“宇”等。最早的穴是在山腰“陶其壤”而成，后来还出现了一种半穴式建筑，即在穴中安置粗木以作加固，“宋”便是此类建筑。《说文解字》:“宋，居也，从宀从木。”足见，最早的“宋”不是国号，而是上部为土，下部为木的土木混合建筑。但每逢暴雨洪水，这类半穴式建筑还是耐不住大水的冲击，人类不得不想方设法地去设计安全系数更高的新型建筑。

人类从鸟儿那里获得了灵感，开始筑木为巢。《礼记·礼运》载："昔者先王，未有宫室，冬则居营窟，夏则居橧巢。"冬天寒冷，营窟保暖效果好；夏天雨多，橧巢安全系数高。《诗经·小雅·伐木》云"出自幽谷，迁于乔木"，生动描写了人类从深穴迁居到木巢的场景。《太平御览》载："上古皆穴处，有圣人教之巢居，号大巢氏。今南方人巢居，北方人穴处，古之遗俗也。"北方干旱少雨，穴是其主要居所；南方雨水多，巢便成了其主要居住场所。"巢"，《说文解字》解释为"鸟在木上曰巢，在穴曰窠"。"巢"的下部是木，中部就是用木枝搭建的鸟窝，上面的三竖折是三只小鸟的头。《诗源》载："原始人无居室，栖室树上，称巢居。"而《韩非子·五蠹》说"上古之世，人民少而禽兽众，人民不胜禽兽虫蛇。有圣人作，构木为巢，以避群害，而民悦之，使王天下，号曰有巢氏"，认为巢是先王的功绩。巢不仅可以有效地避免洪水的侵袭，而且可以躲避猛兽、虫害，对此《北史》有记曰："土地卑湿，至夏则移向北。贷勃、欠对二山多草木，饶禽兽，又多蚊蚋，人皆巢居以避其患。"如今，南部地区的吊脚楼、竹楼实际还是巢的遗留。

《礼记·礼运》云："昔者先王，未有宫室，冬则居营窟，夏则居橧巢。未有火化，食草木之实、鸟兽之肉，饮其血，茹其毛，未有麻丝，衣其羽皮。后圣有作，然后修火之利，范金合土，以为台榭、宫室、牖户，以炮以燔，以享以炙，以为醴酪；治其麻丝，以为布帛，以养生送死，以事鬼神上帝，皆从其朔。"随着人们生产水平的提高，构造简易的巢和穴已经无法满足生活的需要，于是人们开始尝试建造更加坚固、实用的建筑物。

地面上最先出现的建筑为"宫室"。上古之时，宫室不分，故《尔雅》中曰："宫谓之室，室谓之宫。""宫"字中的一个"口"代表一个房子的轮廓，上下两个"口"意思是说房与房相连。《释名》曰："宫，穹也。屋见于垣上，穹隆然也。"上面的"宀"表示屋顶。但到了秦汉时期，"宫"成了皇帝居所的专有名词，普通百姓的住所则被称作"室"。像阿房宫、咸阳宫、未央宫、长乐宫、大明宫、太极宫、故宫，这些帝王的居所末尾都带了一个"宫"字。

而平民所居之"室"，里面是一个"至"字，《玉篇》解释为"到也"，意思是说人一到这里就是一间房子，即我们通常所说的人到哪里家就在哪里。《说文解字》中曰："室，实也。"《释名》曰："室，实也。人物实满其中也。"引申之则凡所居皆曰室。室，就是人充实的居住空间。在古代，有地位或辈分高的人才能住室，因此有了后来的正室、侧室之说。室位于庭院的最上房，两旁的则是“房”。《说文解字》:“房，室在旁也。”《说文解字注》曰 :“凡堂之内，中为正室，左右为房，所谓东房、西房也。”“房”是一个形声字，从户，方声。上方的“户”是单扇的门，下部的“方”本义为“城邦”。“户”与“方”连起来表示正室左右两旁的“门卫室”。住“房”的人往往地位稍低，因此嫡妻被称作“室”或“正室”，妾则被称为“房”。

我们常说“登堂入室”，看来“堂”在“室”的前面。“堂”是家庭祭祀、会客、议事、宴请的地方。《说文解字》:“堂，殿也。从土，尚声。”“堂”下方的“土”代表高大的地基，所以堂一般都很气派。《汉书》颜师古注 :“古者屋之高严，通呼为殿，不必宫中也。”在汉代，堂与殿是通用的。依照礼数，只有登堂，才能入室，新娘子也只有拜过堂才能入洞房，可见堂在古代具有十分特殊的功用。

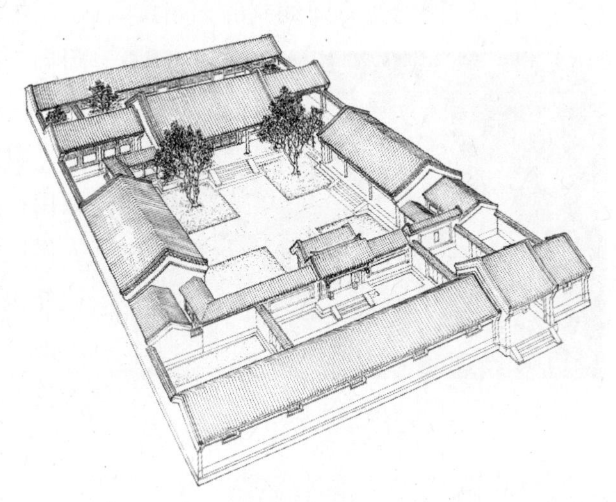

传统庭院布局

“庭院深深深几许，杨柳堆烟，帘幕无重数。”房屋四周有垣墙围绕，以此形成的空地就是“院”。《玉篇》: 院，“周垣也。亦作寏”。“院”的异体字是“寏”，“寏”其实就是一个院落的构形，中间的人、草、树木被围在垣墙之中。院落是中国建筑的一大特色，北京的四合院、江南水乡的天井，结构开放，因地制宜，体现了古人亲近自然、顺应自然的“天人合一”之理念。

而众多民居院落汇集在一块儿，就成了“城”，所以《说文解字》讲 : 城，“所以盛民也”。“城”其实是一个会意字，从土，从成。“成”的右半部为“戈”，是古代的兵器，左边的“土”字为夯土城墙，因此“城”的引申义为防卫、抵御，“长城”“兵临城下”“城下之盟”“紫禁城”都是在说城的防御特性。

老子曰 :“凿户牖以为室，当其无，有室之用。故有之以为利，无之以为用。”什么是房屋呢？老子认为开凿了门窗就是屋子，可见门窗是房屋的重要组成部分。《毛诗》曰:“向,北出牖也。”向,是朝北开的窗子。由于坐北朝南的房屋易于采光,所以窗子通常朝北开。窗还有一个名称,那就是“牖”,段玉裁说:“古者室必有户有牖,牖东户西,皆南乡(向)。”可见,最早的房屋门在西边,窗子在东边,便于早晨采光。而古代的窗,则是指屋顶上的天窗,故有“打开天窗说亮话”之俗语。

古人讲“门当户对”,门户也是建筑中的主要构成。杜甫有诗云:“朱门酒肉臭,路有冻死骨。”可见,贵族的门是红色的,且高大壮观。普通平民的门往往是用木条、麻绳编制的,简陋矮小。《说文解字》说“门从二户”“半门曰户”,有两扇门页的才称其为门,一扇门页的就是户。通常情况下,贵族家才用得起门,贫穷之家只用得起只有一扇门页的户。但一入侯门深似海,高大的“门”内往往充满了明争暗斗、尔虞我诈,简单的“户”内却是菽水承欢、尽享天伦。

石雕门当

四、汉字与交通出行

交通是随着人类生活、生产的需要而产生的。《管子》曰 :“山川涸落，天气下，地气上，万物交通。”晋陶潜《桃花源记》说 :“阡陌交通，鸡犬相闻。”可见，“交通”一词自古有之。讲到交通，就不得不谈谈交通工具。20 世纪 80 年代，公交车是市民出行的主要工具。如果一方问 :“一会儿您回家坐几路车？”对方可能会开玩笑道 :“我一会儿坐 11 路。”但实际情况是，附近并没有 11 路公交车，所谓的 11 路其实是两条腿的“象形”。那个年代，人们的生活并不富裕，步行自然也就成了市民经常采用的出行方式。古时候，普通百姓外出，常常也是靠步行。靠两条腿的出行方式非常多，常见的有行、趋、步、涉、走、徒、奔、跑等。

甲骨文“行”很像一个十字路口，本义为交通要道，读“横”声。《说文解字》:“行，人之步趋也。从彳从亍。凡行之属皆从行。”彳，小步也。亍，步止也，对此清代段玉裁认为“步，行也。趋，走也。二者一徐一疾。皆谓之行”。《桃花源记》中的“缘溪行”其意为“沿着溪边走”，而“恃辇而行”的“行”也指行走，至于乘车辇、舟船也可通称为“行”。在古汉语中，“行”“走”“趋”“步”四个字，均与行走有关，然意义却不尽相同。“走”，从夭从止，甲骨文“走”的上部像摆动双臂跑步的人形，下像人足之形，像跑步的样子，因此“走”的本义为跑。《韩非子·喻老》中“扁鹊望桓侯而还走”，《山海经·海外北经》“夸父与日逐走”，《孟子·梁惠王上》“兵刃既接，弃甲曳兵而走”等都是“跑”的意思。我们常说，“徐行曰步，疾行曰趋，疾趋曰走”。对于“趋”，《释名》说“疾行曰趋”，即小步快行。古代晚辈见到长辈、臣子朝见君王一定要用“趋”以表敬意。“赐带剑履上殿，入朝不趋”则被看成是有悖礼教的大不敬之举动，故触龙见赵太后时需“入而徐趋”。

《荀子·劝学》说:“君子生非异也,善假于物也。”遇到沼泽、江河、山川,光靠双脚怕是不行,于是需要借助一些交通工具。古人出行,“水行乘船,陆行乘车,泥行乘橇,山行乘檋”。

为了生活、生产取水便捷,古人习惯沿水而居,因此水上交通工具便最早诞生。古人云“舟楫之利,以济不通”,这是先民们对舟船功用的理解。《易经·系辞下》云:“致远以利天下,盖取诸涣。”《考工记》说:“作舟以行水。”足见,舟是古代十分重要的交通工具。据传,发明舟的人的是共鼓、货狄,他们是黄帝时代的人。“舟”,《说文解字》曰:“船也。古者共鼓货狄,刳木为舟,剡木为楫,以济不通。象形。”“舟”的甲骨文很像一只船,两边有船帮,中间三条线分别代表船头、船舱和船尾。但最早的船可能是一个体积巨大的葫芦,为什么这么说呢?《逍遥游》中惠子曾说:“魏王贻我大瓠之种,我树之成,而实五石。以盛水浆,其坚不能自举也。剖之以为瓢,则瓠落无所容。非不呺然大也,吾为其无用而掊之。”对于惠子的困惑,庄子言:“今子有五石之瓠,何不虑以为大樽,而浮乎江湖?而忧其瓠落无所容,则夫子犹有蓬之心也夫!”将五石容积的大葫芦制成腰舟,浮游于江湖之上,难道不是一个不错的选择吗?据《尚书·益稷》载:“帝曰:‘无若丹朱傲,惟慢游是好,傲虐是作。罔昼夜頟頟,罔水行舟’。”尧的儿子丹朱贪玩厌学,常常行舟以取乐,这说明帝尧时已经有舟了。到了春秋战国,由于征战的需要,长江流域的诸侯国如楚国、吴国等地还出现了很多大小不一的战船,如大翼、小翼、楼船等。

而车出现的时间,据说要比舟晚很多。相传中国人大约在黄帝时代就创造了车。“车”的繁体字为“車”,甲骨文为“ ”,中间的方形代表车厢,两边则各有一个车轮。最初发明车,其目的并不是为了日常运输,而是为了满足战争所需。车厢不仅可以让将士居高临下,而且是坚固的“铠甲”,具有极强的攻击、防御功能。车的甲骨文有时写为“ ”,中间的竖杆,是用于拴牲畜的。籀文的车,在原来的基础上还加上了“戈”字,成了名副其实的战车。《说文解字》云:“车,舆轮之总名。夏后时奚仲所造。象形。凡车之属皆从车。”车是古代对舆、轮的总称,夏后时代的奚仲最先发明创造了车。据《左传》记载,奚仲曾担任夏代“车正”一职,《荀子》《墨子》和《吕氏春秋》对此亦有记述。夏代末年，伊尹则用不同类型的战车成功讨伐了暴虐的夏桀。到了商代，出现了三匹马拉的车，谓之骖；而到了周代，人们还增加了一匹，称其为驷。先秦时期，车的多少则被看成是国家实力强弱的标志,因此有“千乘之国”“万乘之国”的说法。其中每乘有四匹马和一辆兵车，车上列甲士 3 人,车下有步卒 72 人,后勤人员 25 人,共计 100 人。千乘之国，在春秋时只能是一个中等实力的诸侯国。

车的车厢部分,被称为“舆”,舆的左右两边的栏杆叫軨。《老子》曰 :“三十辐，共一毂”。车轮中心的圆木，叫毂，上面又固定了三十根辐条，这是车最基本的构成部件，但我们不难发现，舆当为车的主体。舆，车舆也。从车从舁声。舆在起初也单指车，但到了后来，人们将类似“滑竿”的山行工具也叫作舆。这种舆后来发展成了我们熟悉的轿子，由于轿子其状如同古代的车厢，因此轿子又名“轿舆”。抬轿子的人数少则二人，多则数人，我们熟知的“八抬大轿”便由八个人抬。《资治通鉴》云 :“导使睿乘肩舆,具威仪。”舆成了身份的象征，古代官员的轿舆要严格依照其官职大小进行配备。

《史记 · 夏本纪》:“水行乘船，泥行乘橇。”泥橇在古代也是重要的通行工具。赵翼曾有诗云 :“遂乘山欙跨泥橇，分酾洚洞辟壅隔。”橇的主体是一块狭长的木板，中间有扶手，渔民在大海退潮后常用其在海滩打鱼。据传，泥橇还是重要的战争武器，明代戚家军曾用其抗倭而大获全胜。使用泥橇主要在于掌握平衡，如能将其熟练驾驶，其速度可达每小时 20 千米。

五、汉字与伦理道德

汉字中融入了中国人的价值观，一个字就是一段故事、一幅风情画。汉字是中华五千年文明的重要载体，它当中蕴藏了先民对宇宙自然变化规律的体悟，同时也置入了中国人与众不同的价值伦理观。透过汉字，我们不仅可以探寻出中国历史的发展脉络，而且可以在撇、捺、点、横中洞察出先民的思维智慧。

我们先不论其他汉字，简单的一横，便是古人对宇宙最初的理解。《老子》云："道生一，一生二，二生三，三生万物。万物负阴而抱阳，冲气以为和。""一"是万物之始，是天下之母。《老子》又云："天得一以清，地得一以宁，神得一以灵，谷得一以盈，万物得一以生，侯王得一以为天下贞。"如此看来，"一"是多么伟大。"一"也是道的代称，后来人们也将其视为"天"。"王"字最上面的一横其实代表了天，中间的一横是人，最下面的一横则是地，中间的一竖意谓贯通天地人。在人世间，能够和天地人交感、对话的唯有"王"了。讲到"王"，就得说说"示"，因为它们的头顶有着同一片天。示是一个象形字，甲骨文上面的两横代表天地，下方三竖是日月星，"示：天垂象，见吉凶，所以示人也。从二。三垂，日月星也。观乎天文，以察时变"。部首"礻"其实就是"示"的变形，因此以"礻"为部首的字往往和祭祀有关，如神、祀、祈、福、祷、禨、祭、祥、祝等等。随着社会生产力水平的不断提高，人们开始更多地将目光转移到了日常的生产生活中，而不再仅仅停留在神圣天界。

大约在 4000 年前，中国社会正值母系社会向父系社会的转型期，农业种植成为人们主要的衣食来源，家庭养殖则为副业。于是善于田猎的男性之地位开始逐渐高于善于养殖的女性，故此时产生的诸多汉字也就暗合了当时重男轻女的主流思想。“男”这个字为上“田”下“力”，代表了在氏族社会中以耕田为业来维系家族繁衍的族群。与男性相关的汉字有很多，比如“祖”，右边的“且”其实是男性生殖器的象形。“祖”左边的部首“礻”，上文已经讲过，是祭祀的意思，所以“祖”体现了远古先民强烈的生殖崇拜以及祖先崇拜情结。人们普遍认为，“且”是维系血缘的依托，因此中国五服的划分也以男性为主，范围包括了自高祖以下的男系后裔及其配偶，即高祖至玄孙的九个世代，通称为九族。尤其到了封建时代，整个社会完全以父宗为重。倘若一个女子婚后未能为这个家族添上一个男丁，那么这个女子死后将不准进入祖坟，其名分也不能被添列族谱之中。在男权思想的影响下，很多汉字表现出强烈的“尊男”倾向，最典型的便是“规”这个字了。我们常说要“讲规矩”，而在父系社会男人讲的话就是规矩，为什么这么说呢？“规”=“夫”+“见”，丈夫的见解和见识就是妻子的规矩，所以“三纲五常”中也明确讲到“夫为妻纲”。

与“尊男”相对，“卑女”的思想在汉字中亦随处可见。在现代汉语中，以“女”为偏旁的字就有200多个，有不少是表示性别和称谓的字：娘、妈、姨、嫂、姐、妻、妹、姑、婢、妞、婕、妤、妯、娌、妗、妇、妃、嫔、嬖、妪等。还有一些是标明姓氏的字，如姜、娲、妊等。再如一些表示对女子赞美的字：娴、婉、婼、娥、媞、姝，娟等。但值得注意的是，上述几类以“女”为部首的汉字数量极其有限，剩余的字对“女”很多带有鲜明的歧视和诋毁，如娼、妓、婊、奸、妖、姘、婬、嫉、妒、奴、婢、嫌、妄等字，数量可谓繁多。在甲骨文中，“奴”中的“又”表示的是一只手，对此《说文解字》曰：“又，手也。三指者。”可见，奴的本义就是用手抓住女子，最早的“奴”也应当是女性。在早期社会，战胜的部落往往将战败部落的男性俘虏全部处死，只保留女性为其传宗接代，因此女性在那个时代被视为战利品，一直处在被奴役的地位。与此相同的还有“安”字，上面的“宀”代表房屋，意谓女子在家就是安全。这是因为，在生产力水平低下的远古时期，抢劫其他部落财产是常常发生的事，如果部落战败，女子也会被当作财产一并抢去，倘若女子依旧坐在家里安心劳作，表明部落安全，家庭也就安全无虞了。既然女子被当成财物，其人身自由当然也要受制于人，尤其是婚嫁之事，完全要听从于“父母”之命。而“婚嫁”这个词，其实更加体现了古代女子的悲惨命运。俗话说“嫁出去的女儿，泼出去的水”，女孩一生下来就注定是别人家的，所以她们只有通过“嫁”才能获得自己的“家”，这便是“嫁”的本义。

在古代，男人得到一个妻子如探囊取物一般，只要伸过手一取就行了，所以“娶”这个字同样说明了女子在婚姻生活中的被动地位。由于女子长期处于“卑”的地位，久而久之，人们甚至视女为“恶”的根源。如明代小说《金瓶梅词话万两本》第一回就写道：“一个好色的妇女，因与了破落户相通，日日追欢，朝朝迷恋。后不免尸横刀下命染黄泉，永不得著绮穿罗，再不能施朱付粉。静而思之，著甚来由！”在作者兰陵笑笑生看来，女人是“花面金刚，玉体魔王”“虽然不见人头落，暗里教君骨髓枯”，而妖、奸、嫉、妒等字恰恰体现了古人的这种观念。女人当然不会心甘情愿接受这种被奴役、歧视的待遇，她们也试图逃脱这种不平等境遇，但在那个时代，女人的这种做法是痴心妄想。“妄”字上部的“亡”，本义是逃亡，可见女子私自逃亡就是一种妄想，是徒劳的。所以，女子只能委身于男权之下，因此“委”这个字便生动形象地刻画了女子在田中稼穑、弯腰驼背的艰辛状态。

如果说男尊女卑思想是由中国特有的“亚细亚生产方式”决定的，那么，这种生产方式同时也衍生出了诸多与之相匹配的伦理道德观念，最典型的便是儒家所倡导的孝、悌、忠、信、礼、义、廉、耻八种德行，简称“八德”。“八德”以“孝”为先，这是因为孝是道德情感的基础和动源。俗话说：“百善孝为先，万恶淫为源。常存仁孝心，则天下凡不可为者，皆不忍为。”孝是中华民族传统美德，是一切伦常关系的基础。殷商甲骨文中就已出现了“孝”字，“孝”上为老、下为子，意思是子能承其亲、顺其意。《孝经》曰：“身体发肤，受之父母，不敢毁伤，孝之始也；立身行道，扬名於后世，以显父母，孝之终也。夫孝，始于事亲，中于事君，终于立身。”可见，孝顺父母仅仅是孝道的起始，“夫孝，德之本也”，统治者可以用“孝”治理国家，臣民可以用“孝”立身行道，扬名于后世，故真正意义上的“孝”是稳定、发展社会的基石。但“八德”主要应对的是日常伦理生活，如果将其完全上升至政治层面，可用一个字来概括，那就是——“仁”。“仁”，亲也，从人从二。对于一个人而言无所谓“仁”，两个人在一起“仁”便产生了。“仁”字从二不从三，其中的“二”是“三才”中的“天地”，即要化掉自我的私心，心怀天地。因此，孔子将“仁”视为最高的道德准则和修养境界。《孟子·梁惠王上》：“王如施仁政于民，省刑罚，薄税敛，深耕易耨，壮者以暇日，修其孝悌忠信，入以事其父兄，出以事其长上,可使制梃以挞秦楚之坚甲利兵矣。”孟子“仁政”是对孔子之“仁”的继承和发展，主张“以民为本”，认为“民为贵，社稷次之，君为轻”，这种思想在今天仍具先进性。

汉字是民族历史文化的载体，是活的化石，是古人智慧的结晶，有着十分深厚的文化意蕴。如今，我们提倡规范书写，但这一规范是针对简化字而言的。改革开放30多年来，随着中国综合国力的不断提升，越来越多的人开始不再“崇洋”，而是选择追寻古典，在本土文化中寻找自信。于是，汉字繁体化再次被人们提上日程，引发了广泛的讨论。主张恢复繁体字的代表，举出的几个例子也的确很有说服力。比如,“進”被简化为“进”极为不妥,“進”是让人“越走越佳、渐入佳境”，简化字“进”字却让人走到“井”里去了，成了井底之蛙。再如，“輪”改成“轮”，人字下加了一个“匕首”，导致车祸频发。把“愛”改成“爱”，人们不再用心去爱，一切人际关系便建立在了金钱利益之上。“義”字上面是个“羊”，羊温驯善良、美味滋补、吉祥美好，而简体的“义”，一个大叉，再加上斜的一点，实为斜之又邪、道德沦丧。“親”字左亲右见，简化为“亲”，没了见，亲人不相见，老人被送进了养老院，骨肉分离，六亲不认，岂非中华三千年未有之怪局？！

六、汉字与姓氏文化

两个陌生人有意相识，一方总会问："您贵姓？"得到的答案可能是："三横王，草头黄，弓长张，立早章，古月胡，口天吴，双口吕，木土杜，言午许，双人徐，耳东陈……"姓氏是部族的开端，因此也是血缘的纽带与标志。姓氏虽只有一个字，但其背后所蕴含的文化则是异常深厚的，中国人"树高千丈，落叶归根"的特殊情结，实质上就是对姓氏崇拜的延续。而今，姓氏被当成了一个词，其实姓和氏原本是两个完全不同的概念。

"姓"与远古时期的图腾崇拜有关，当然也离不开中国独特的"亚细亚生产方式"。早期姓的写法中有麦穗、日月、蛇、羊等诸多自然物，这些自然物其实就是其部落的图腾崇拜物。《说文解字》说："姓，人所生也。古之神圣母，感天而生子，故称天子。从女，从生，生亦声。"在许慎看来，古代的神圣之母由于感动上天而生育子女所以人就是"天子"。可见，最早"天子"一词并不是皇帝的专属。但许慎在解释"姓"这个字的时候为什么要列举一个"古之神圣母"的事例呢？其实，单从"姓"这个字就不难看出，姓是母系社会的产物。在母系氏族社会，妇女在劳动中占主导地位，再者当时的人们"只知有母，不知有父"，所以，一些出现较早的姓，如妘、姜、姒、嬴、姺、娀、姞、孋等等，大都从女。夏商西周以降，随着"父权"象征力的提升，特别是以家族血亲为纽带的部族村落的成熟，姓便成了"别婚姻""明世系""别种族"的主要依据。由于姓是具有相同血缘、血统关系的种族标志，这也难怪民间有"五百年前咱们是一家"的说法。还有一种说法认为，轩辕黄帝为奖励其功德卓著的十四个儿子，便为他们赐十二姓：姬、酉、祁、己、滕、箴、任、荀、僖、姞、儇、衣。故《史记・五帝本纪》中说："黄帝二十五子，其得姓者十四人。”史书《春秋》中也记载了很多古姓，如姬、风、嬴、吉、芊、曹、风、祁、妘、姜、董、偃、归、曼、芈、隗、漆、允等。其实，有很多姓是早期的国名和邑名，如周公旦的儿子被封到邢国为侯，他的后代便姓“邢”了，类似的还有鲁、晋、宋、郑、吴、越、秦、楚、魏、陈、曹等诸侯国国名也都成了姓。还有以乡、亭之名和居住地之名为姓的，常见的有裴、陆、阎、郝、欧阳等。此外，以居住地为姓氏的复姓较多，如：东方、东山、南门、南郭等。

如果对方问道“您姓什么？”，回答者通常会利用汉字的构型和笔画加以解释说明。遇到笔画较多的字常常会使用拆字法，如“周”是门吉周，“张”是弓长张，再如古月“胡”，双木“林”，双口“吕”，等等；其二为减笔解释法，如“奚”是溪水的溪去掉三点水，“尹”君子的君去掉口字，“曾”增加的增去掉斜土旁；其三是增笔解释法，如“朱”姓是未来的未上加一撇，“卞”是下面的“下”字上加一点。最便利的是人名解释法，如杨修的“杨”，郑成功的“郑”，诸葛亮的“葛”。此外还有地名解释法，如沈阳的“沈”，哈尔滨的“哈”，蒙古的“蒙”，甘肃的“甘”，等等。值得注意的是，姓氏用字往往需要异读，如区姓读欧，仇姓读求，冼姓读显，单姓读善，朴姓读瓢，查姓读渣。

起初，“姓”和“氏”分用，姓是总的，氏是分支。“氏”字最初造字时本义已难知，此字在殷墟甲骨刻辞中仅一见，刻辞残破，含义亦不明。西周文字中“氏”字已较常见，其主要用法大致是作为官称，像师氏、尹氏等。《左传·昭公》讲少昊氏诸鸟官名，也是鸟名加氏为称。再如在爵位后表示尊称，如“侯氏”。除以上用法外，上古传说中的帝王、部落首领亦在其名后加氏为称，如“黄帝氏”“少昊氏”“共工氏”等。对于“姓”和“氏”的区别和功用，班固在《白虎通义》中指出，“姓”的作用在于“崇恩爱，厚亲亲，远禽兽，别婚姻也。故纪世别类，使生相爱，死相哀，同姓不得相娶，皆为重人伦也”；而“氏”的功能则是“贵功德，贱伎力。或氏其官，或氏其事，闻其氏即可知其德，所以勉人为善也”。“别婚姻”是“姓”的第一功用，因为具有相同血缘的男女结婚后，可能导致“其生不蕃”，所以要求“同姓不婚”。如果说“姓”是母系社会的产物，那么“氏”应当是父系社会的专利。随着一姓祖先的子孙增多，这个家族往往会散居各处。各个分支的子孙除了保留姓以外，还为自己取一个称号以做区别，于是“氏”便产生了。《左传·昭公》叔向曰：“肸之宗十一族，唯羊舌氏在而已。”可见，羊舌氏是叔向所属宗族的十一分支。而《左传》《国语》中凡列国卿大夫家族多称“某氏”，如鲁桓公之后称“孟氏”“叔孙氏”“季氏”，齐国的“崔氏”“田氏”等。《诗经世本古义》言：“言姓即在上，言氏即在下。”可见，相对姓而言，氏是从姓中衍生出来的分支。在周以前，贵族除了有姓之外，还习惯以国、官位为氏。而普通百姓既没有姓，也没有氏。

春秋之时“礼崩乐坏”，“姓”和“氏”的界线逐渐模糊，出现合一的趋势，到秦始皇统一六国后，“姓”和“氏”也就成了一个意思。《通志·氏族略》载：“秦灭六国，子孙皆为民庶，或以国为氏，或以姓为氏，或以氏为氏，姓氏之失，自此始……兹姓与氏浑而为一者也。”对此顾炎武在《日知录》中也讲道：“姓、氏之称，自太史公始混而为一，本纪于秦始皇则曰姓赵氏，于汉高祖则曰姓刘氏。”自此以后，姓即氏，氏即是姓。但在日常人际交往中，不相识的人遇到一起，往往会礼节性地问“请问贵姓？”，答曰“免贵姓……”，但从未听说“请问贵氏”的。大概在口语中问“贵氏”犯忌，因为“氏”与“死”同音。而在家谱、族谱的题名上却是《×氏家谱》《×氏族谱》，却很少有《×姓家谱》《×姓族谱》的。这是因为，“氏”是以男姓家族成员血缘关系为主而组成的群体，以“氏”命名家谱目的是为了彰显血亲的紧密性。

昔舜帝居姚地，其子孙以姚为姓，称为姚氏。至汉代，姚氏衍生出妫、舜、虞、陈、胡、田、袁、王、孙、陆、车等六十种，繁姓同根，异氏同源。因此在中华姓氏中，妫、陈、田、姚、胡五姓同根同源，其血缘先祖同为舜帝姚氏。足见，中国姓氏的流变其实就是一部历史悠久的文化史，姓氏文化作为中华传统文化中的重要组成部分，需要我们正本清源，从源头上去发掘、考证。

七、汉字与民间信仰

说起民间信仰，它与我们常说的宗教信仰虽有一定区别，但又联系紧密。不可否认，宗教是对民间信仰的总结、提升和发展。然而，宗教虽高于民间却又源于民间，如果说宗教有其高深、完整、博大、深邃的理论体系的话，那么民间信仰却带有一种“原生态性”。汉字以其独特的神秘性在民间的信仰活动中被高度重视，留下了很多丰富多彩的文化印记。我们知道，汉字或起源于结绳，或起源于八卦书契，或起源于河图洛书，或起源于图腾崇拜……众说纷纭的汉字起源之说往往让研究者不知所措、无从下手，但有一点值得肯定，即自汉字诞生起，它就承载了神圣、神秘而又遥远的历史文明。所以，对于中国先民来讲，汉字在某种意义上已经不是简单的书写工具，而是神秘文化因子的浓缩和结晶，需要我们用一种敬畏之心来对待。

在古代，人们“敬惜字纸”的风俗可以说是对汉字崇拜的一种表现。清初扬州学者石成金在《人事通》里有敬惜字纸“十七戒”：“卖废书于人，遗弃污秽中，脚下践踏，嚼烂吐弃，糊窗壁，裱箱屏，包物，覆瓿，拭几砚，擦垢秽，燃灯夜照，刀剪裁破，因怒扯碎，予妇女夹针线，枕藉坐卧于其上，刊淫词，贴揭帖。”这些糟蹋字纸的行为皆被认为是对汉字的大不敬。据传，宋朝王文正公的父亲，因其敬惜字纸，所以其子王曾连中三元、官至宰相，而普通人往往轻视字纸，故终究无所取法、难成大器。近代高僧印光法师（1861—1940）曾撰《普劝敬惜字纸及尊敬经书说》一文，对旧时人们“敬惜字纸”的风俗做了比较详细的描述：“字之恩德说不能尽，敬惜书字，福报甚大。宋朝王文正公之父，极其敬惜字纸。后梦孔夫子以手按其背曰：‘汝何惜吾字之勤也，当令曾参来汝家受生，显大门户。’后生子因名王曾，连中

三元，为名宰相。殁后谥‘文正公’，封沂国公。后世凡科甲联绵，子孙贤善者，悉由先世敬惜书籍，及与字纸中来。近世欧风东渐，不但普通人不知敬惜书籍字纸，即读书儒士，亦不恭敬书籍及与字纸：或置书于坐榻；或以书作枕头；或大怒而掷书于地；或抽解而犹看诗书。不但大小便后概不洗手，即夜与妇宿，晨起读书亦不洗手。每每以字纸揩拭器物，犹以敬惜为名而焚化之……以期有心世道之人，展转劝化，同皆敬惜书字，则富寿康宁，现身获箕畴之五福，聪明睿智，后裔纳伊训之百祥矣！”在印光大师看来，写有文字的纸张上有“天地日月之字”“圣贤经书之文”，是极为尊贵之物，而普通世人却对这些字纸毫不重视，常常将其置放在茅厕、垃圾堆中，或者用它铺坐处、包鞋袜，这些做法其实都是对文字的一种亵渎，故天灾人祸，相继降作。我们从印光大师的阐述中不难看出，字纸的贵重完全在于写在纸张上的字的神圣性，所以汉字在旧时很多文人眼中已经不是简单意义上的书写符号，而是一种带有神秘力量的“神圣象征”。其实，对文字的崇拜与汉字起源有很大关系，我们知道，很多象形字是对自然动物的描绘，这在《说文解字》中就有十分详尽的描述：“见鸟兽蹄迒之迹，知分理之可相别异也，初造书契，百工以义，万品以察……仓颉之初作书，盖依类象形，故谓之文。”早在远古社会，人类的生存能力非常有限，甚至不及鸟兽，所以许多鸟兽因其特殊的本领使得众人膜拜，图腾崇拜由此开始。所以，对汉字的崇拜，很有可能就是对图腾崇拜的一种延续。

民间敬惜字纸风俗的日盛，在很大程度上还与人们的“文昌信仰”有关。“文昌”本星名，是天上六星之总称，亦称文曲星或文星，民间认为其主文运功名，唐代后成为道教信奉神——文昌帝君，天下学校多奉祀。六星各有星名，称上将、次将、贵相、司命、司中、司禄等。文昌帝君又称梓潼帝君，元仁宗延佑三年（1316年）封梓潼神为“辅元开化文昌司禄宏仁帝君”。据《明史》载：“梓潼帝君者，记云：姓张，名亚子，居蜀七曲山，仕晋战没，人为立庙。”宋代皇帝多有敕封，宋真宗封亚子为英显武烈王，宋光宗时封为忠文仁武孝德圣烈王，宋理宗时封为神文圣武孝德忠仁王。元仁宗延佑三年敕封张亚子为辅元开化文昌司禄宏仁帝君，梓潼神张亚子遂被称为“文昌帝君”。文昌主文运，故敬惜字纸的惜字劝善书皆托文昌帝神授，如《文昌帝君劝敬字纸文》《文昌帝君惜字功罪律》《文昌帝君惜字真诠》等。《文昌帝君惜字功律》刊有《敬字纸功例》和《慢字纸功例》，善书以“文昌帝君”口吻昭告《劝惜字纸文》，并附《敬字十凡例》。“敬字纸功例”和“慢字纸功例”皆用“功过格”的形式，分别对各种敬惜或侮慢字纸行为规定了奖惩措施。“功过格”对做某善事记若干功，对做某恶事则要记若干过，认为“天日昭昭，到头来功过相抵，该奖该罚，自有报应”。除此之外，古代还设有惜字炉、惜字亭、惜字篓、惜字冢等设施来表示对汉字的珍重。在广东河源市和平县粮溪坪地，就有一座保存完好的青砖“惜字炉”。惜字炉又名“惜字塔”“圣迹亭”，是古代文人墨客烧毁文字纸张的地方。在古代，凡是有文字的纸张必须集中于惜字炉焚毁。焚烧字纸的风俗在宋、元之际已开始流行，到明清时达到极致。惜字炉两旁还刻有对联，如：“字化烟云腾异彩，炉留翰墨自留香。”再如，“能知付丙者，便是识丁人。”都是在教导人们要“惜字”“爱字”。对此，池莲师太在《自知录》中写道：“拾路遗字纸火化，百字为一善；遗弃字纸不顾，十字为一过！”据地方志记载，清代不少地方还创立了“惜字文昌会”，并有很多相应的民间活动定时举办。

“惜字”风尚可能也与圣人造字传说有关。其实，圣人造字传说并非中国所独有，世界上很多民族都有圣人造字的传说。腓尼基人（犹太人的近邻）奉“Cadmus”神（卡德摩斯，腓尼基王子）为字母创作神；诺尔斯人（挪威人）奉“Odin”神（北欧神话，欧丁神）为Rune字母（如尼文，古代北欧使用的文字）创造神；希伯来人（古犹太人）奉人类始祖亚当为字母创造神。佛教中则认为造字者有三人：梵造右行文字（梵：又称梵天、梵王，古代印度传说中的造物神之一）；佉卢造左行文字（佉卢：西域古犍陀罗人，今巴基斯坦）；仓颉造下行文字。云南纳西族的“东巴经”也记载说东巴文是东巴始祖丁巴什罗所造。《吕氏春秋》说“奚仲作车，仓颉作书”，《荀子·解蔽》说“故好书者众矣，而仓颉独传者，壹也”，都认为仓颉是创造汉字的圣人。既然汉字是“圣人”造的，那么其本身也应具备一种超自然力，有些地方甚至将汉字视为“神灵”。民间百姓认为，悬挂“姜太公在此，百无禁忌”字条，可以作辟邪之用；路旁的“南无阿弥陀佛”石碣，能给人以安全感；把刻有“泰山石敢当”的石碑立于桥道要冲或房屋墙壁上，可镇压一切不祥之邪。百姓还喜欢用吉利文字作为装饰，如倒写“福”字，百寿图、百福图，“招财进宝、黄金万两”等合体汉字。针对汉字的祈福功能，唐代还出现了一种特殊的舞蹈“字舞”，“字舞者，以舞人亚身于地，布成字也”。所谓“字舞”，其实就是按汉字字形列队的集体舞蹈，每逢祭祀大典等隆重节庆才会演出，唐代杜佑《通典》载：“《圣寿乐》，高宗、武后所作也。舞者百四十人，金铜冠，五色画衣。舞之行列必成字，十六变而毕。有‘圣超千古，道泰百王，皇帝万岁，宝祚祢昌’。”对此，唐代诗人王建有诗云：“罗衫叶叶绣重重，金凤银鹅各一丛。每遍舞时分两向，太平万岁字当中。”可见，盛唐字舞场面气势恢宏，不亚于今天的奥运会开幕式。

古人对汉字的“魔力”深信不疑，战国时代就出现了“诅楚文”，后来民间有“绿章”即“青词”，是敬献天神的奏告文书，认为可以祈福纳祥；又如“扶乩”又作持鸾，也就是请神在沙盘上写字，请示神的旨意；再如道教的“符箓”也是对汉字崇拜的表现。对此，何九盈先生在《汉字文化学》中讲道：“书、画、符，在远古图腾时代，很可能是不分家的。它们是同一崇拜对象，后来发展方向不同。”古人认为汉字还具备预测功能。据《后汉书 · 五行志》载：“献帝践祚之初，京都童谣曰：‘千里草，何青青。十日卜，不得生。’案：千里草为董，十日卜为卓。凡别字之体，皆从上起，左右离合，无有从下发端者也。今二字如此者，天意若曰：卓自下摩上，以臣陵君也。青青者，暴盛之貌也。不得生者，亦旋破亡。”这个故事在小说《三国演义》中加以发挥，在民间影响尤剧。汉献帝末年儒生苏林等为了给曹丕当皇帝寻找依据，从纬书中摘录只言片语附会成谶：“日载东，绝火光。不横一，圣明聪。四百之外，易姓而王。天下归功，致天平。”“日载东”，隶书中“日”字上有两个“东”字，也就是“曹”字；“不横一”，即是个“丕”字，把曹丕名字都写明白了，认为汉朝国运已逾四百年，该是“易姓而王”的时候了。又如《易运期》曰：“鬼在山，禾女运，王天下。”“鬼在山，禾女运”，就是“魏”字，也就是说曹魏要“王天下”。利用汉字构造而写成的预言书也有不少，在今天有《未来简史》，在古代也有很多预测未来的“史书”，著名的有托名诸葛亮的《诸葛马前课》，唐初李淳风的《推背图》，北宋邵雍的《梅花诗》，明代刘基的《烧饼歌》等。《烧饼歌》中“木下一头了，目上一刀一戊丁”是说李自成造反；“偶遇饥荒草寇发，平安镇守好桂花”是说镇守山海关的明将吴三桂因李自成抢夺其爱妾陈圆圆，一怒之下大开城门引清兵入关；“路上行人一半僧”是说清代百姓头发一半光头一半扎辫；“太极殿前卦对卦，火烧鼠牛犹自可”，“卦对卦”暗指咸丰的“丰”字，预言咸丰帝在位时会发生火烧圆明园这一惨事。以上故事和传说，大多为民间百姓茶余饭后的谈资，其中不少是由民间文人和百姓刻意附会而成的。因此，在今天我们只能将其视为一种特殊的文化遗产，而不能信以为真、借题发挥。

第五编　汉字与权力秩序

汉字虽然是一种用来记录、表意的语言工具，但它在古代给人们制造了诸多恐慌和畏惧。古代著名的“文字狱”正是告诫人们，汉字中潜伏着许多危机，稍有不慎便会“祸从笔出”，历朝历代不知有多少冤魂都是惨死在不慎的笔端中的。在古代集权社会，汉字的许多特性被加以发挥，成为明争暗斗、排除异己、集中权力的“利器”。汉字因其近音、多义、象形、指事等特征造成了历史上无数次“文字之祸”，这在其他文字语系中是不常见的。其实，这一切并不是汉字的“过错”，而是由君主专制的中央集权下的高压统治导致的。

一、汉字的避讳与禁忌

“避讳”是指在我国古代的口语和书面语中对一些特殊禁忌词语“不直说”“不直书”的文化传统。中国的避讳文化源远流长，早在两千多年前就有了避讳之制，正如陈垣在《史讳举例》中写道：“避讳为中国特有之风俗，其俗起于周……盛于唐宋。其历史垂二千年。”确切地讲，避讳最早起源于西周，据《左传 · 桓公六年》载：“周人以讳事神，名，终将讳之。”但周代的避讳在某些程度上还比较宽松。然自秦以降，避讳日趋严格化，无论说话还是写字皆需要避讳，有时人们甚至要为避讳而改姓。避讳之风兴盛于唐宋，延及清末，它作为一种特殊的社会现象在一定意义上体现了等级森严的王权政治和宗法制度，但也表明了中国语言文字的独特性。在中国古代最常见的就是名讳，即在书写时遇到圣贤、君王和父母长辈的名字时不能直写而需要避讳，对此在小说《红楼梦》第二回“贾夫人仙逝扬州城，冷子兴演说荣国府”中就有详细的叙写：“雨村拍案笑道：‘怪道这女学生读至凡书中有“敏”字，皆念作“密”字，每每如是，写字遇着“敏”字，又减一二笔，我心中就有些疑惑。今听你说的，是为此无疑矣’。”林黛玉的母亲名叫贾敏，故黛玉写字每遇着“敏”字时，就缺写一两笔。虽是小说记载，但也真实反映了古人的避讳习惯。

古人的避讳分为两个大类：其一是公讳，也叫国讳，这是针对圣贤和君王而言的；其二是私讳，也叫家讳，这是针对祖先、父母而言的，林黛玉的避讳显然属于私讳的范畴。汉字是形、音、义三要素结合的文字，统治者们正是利用了汉字这一特点，加以联想、发挥，臆造了多种多样的避讳。避讳的方法也有很多种，常见的有改（借）字法、缺笔法、空字法等。

改（借）字法，通常是用同音、同义或是近义的字来替代所避讳的字。如秦始皇名嬴政，所以每遇着“正”字，需要改用“端”。最早“国家”一词被叫作“邦家”，汉高祖名邦，所以“邦家”中的“邦”字和高祖名一样，于是世人便将“邦家”改为“国家”，“国家”一词遂沿用至今，再如汉石经碑中将《论语》：“何必去父母之邦”改为“何必去父母之国”，都是为了避刘邦之讳。司马迁父名谈，他作《史记》时遇到“谈”字便用音近的“同”字代替，如写张孟谈为“张孟同”，赵谈为“赵同”，李谈为“李同”，等等。《三国志》：“太祖武皇帝，沛国谯人也，姓曹，讳操，字孟德，汉相国参之后。”这里的“讳”就等于“名”，“讳操”即“名操”。后晋高祖皇帝名敬瑭，时人就回避“敬”之嫌，以“镜”和“竟”来替代，《册府元龟》卷三载：“天福七年，敕改合州石镜为仙览，复州竟陵为景陵。”据《齐东野语》记载：“隋文帝父讳忠，凡郎中皆去‘中’字。”唐高祖李渊的祖父名虎，唐人便将“管中窥虎”改为“管中窥豹”，亦沿用至今。唐太宗名世民，世人将“世”改为“系”或者“代”，就连“观世音菩萨”也被叫作“观音菩萨”。唐代大诗人李贺之父名晋肃，李贺为避“晋”之嫌名“进”，乃至终生不考进士。明成祖名朱棣在位时期，明代典籍不敢直接写“棣”字，而用“讳”字代替。据《朝野汇编》载：“建文元年十一月初九日，燕王称名上书，奏为父报雠事：‘臣讳稽首顿首’云云。”其中“讳”字代替的就是“棣”字，是以形似之字代替。宋太宗本名赵匡义，后因避其兄宋太祖名讳改名赵光义，即位后又改名赵炅，为避“义”字，将义宾县改为宜宾县。清圣祖康熙名玄烨，清人便将“玄”改为“元”，将“烨”改为“煜”字。大唐皇帝唐玄宗谥号为“至道大圣大明孝皇帝”，为避讳康熙皇帝之名“玄烨”，人们多称其为唐明皇。清代为避孔子的名讳，将“丘”字加“阝”成“邱”字，并用“邱”字替代姓氏中的“丘”字，所以“邱”是一个新造字，对此在《桥西杂记》中有详细记载：“雍正三年，奉上谕，孔子圣讳，理应回避，今九卿会议，九卿议以凡系姓氏，俱加‘阝’为‘邱’字”。

缺笔法，是用本字省缺笔画，此法大约始于唐初，宋以后颇为盛行，如陈垣《史讳举例》中写道：“避讳缺笔之例始于唐。”我们知道，唐太宗名李世民，唐代《于志宁碑》为避讳，书“世”为“卅”。雍正帝的名字叫“胤禛”，雍正朝开始，“胤”字最后一笔讳缺，“禛”字最后一点讳缺，并且规定他的同辈兄弟的名字一律把“胤”改为“允”，如允禟、允祉、允禩、允禩。乾隆的名字叫“弘曆”，“弘”字缺写最后一点，“曆”改成“历”，或将其中的“日”换成止，或直接把日去掉。嘉庆帝的名字原来写作“永琰”，他即位后规定同辈兄弟的名字虽不必把“永”字改掉，但嘉庆自己改作“顒琰”。至于在写“顒”字本身时，也缺写最后一笔，“琰”字也是缺写末笔。

空字法，是将本字空而不写，或画以“□”，或书以“某”字，或直书以“讳”字。如汉景帝名刘启，在立他为太子时，有司因避讳而曰：“子某最长，纯厚慈仁，请建以为太子。”（《史记 · 孝文本纪》）唐高祖李渊的祖父名虎，唐人撰《隋书》，为避讳，书隋将韩擒虎为“韩擒”，空“虎”字。唐人为避李世民讳，书王世充作“王充”，空“世”字。后人有不解避讳之意者，在传抄或翻刻时，误以为“韩擒”“王充”。三国蜀汉主为刘备，字玄德，清圣祖皇帝康熙名玄烨，所以清代三国典籍每遇“刘玄德”时，刻印为“刘□德”。

古代避讳对汉字的影响很大，造成了许多残缺字，所以古籍中的残缺字也非常多。此外，还造成了许多新的多音字，异体字也由此增多。如宋代张世南《游宦纪闻》卷九：“汉以火德王，都于洛阳，恶水能灭火，遂改‘洛’为‘雒’，故今惟经书作‘洛’，而传记皆作‘雒’矣。”“雒”本为鸟名，但汉代讳“洛”为“雒”，比如把“洛水”又写作“雒水”。避讳造成了大量的别字。明光宗名常洛，明人为避其名讳，所刊印的书籍中出现了“尝伯”“奉尝”“天尝”“纲尝”“寻尝”“尝熟县”等。明人憎恶“元”字，便讳“元”为“原”，将“元来”改为“原来”，而“原来”一词沿用至今。

避讳作为古代一种特殊的社会文化现象，充斥于汉字记载的各种典籍文献，这无疑给古籍研究造成了诸多障碍。避讳所导致的文字使用混乱往往会让人们混淆历史、年代、纪年，甚至对历史人物张冠李戴，这些问题都是不容忽视的。但我们若能掌握避讳的规律，不仅可以大大提高阅读的效率，还可以增长见识、拓宽视野，这对整理古籍文献、提升传统文化的研究水平来说意义重大。

二、秦代的“书同文”与改字举措

“书同文”一词最早出自东周春秋时期的《礼记·中庸》:“今天下,车同轨,书同文，行同伦。”一提起“书同文”，人们便会不约而同地认为它是秦始皇的一大创举，其实不然，中国历史上总共有三次“书同文”，在秦始皇统一中国之前，史书就有两次明确的“书同文”记载。

从古到今，许多文人学者都把“书同文，车同轨，行同伦”看作歌颂秦始皇统一中国的颂词，就连我们伟大的思想家王夫之、鲁迅也是这样认为的。其实，这是读书不求甚解的一大误会。尊秦的九字经典，来自《中庸》的第二十八章。原文是“今天下，书同文，车同轨，行同伦。”程氏注解：“今，子思自谓当时也，轨，辙迹之度。伦，次序之体。三者皆同。言天下统一也。”如果《中庸》是孔子之孙子思的著作，那么文中的“今”，决不会是秦始皇“横扫六合”的春秋末期,而是指尚能维持名义上的统一的东周。如果《中庸》如清代某些考据家考据的，是西汉儒生的伪托，那么，西汉的儒生和朝廷，同秦始皇有着最直接的深仇大恨，他们绝不会用美妙的词句去歌颂秦始皇的。所以，把“书同文，车同轨，行同伦”当作歌颂秦始皇统一中国的经典词句，是从古到今一些文人学者很大的误读和误会。

关于“书同文”，从《易经》《尚书》《诗经》等文献和出土的竹简、金石铭文来看，最迟在西周以后，汉字的符号、文法和文章结构，就是统一的。秦代李斯作小篆，程邈作隶书，只是书写方法的简化，并不是首次统一文字。

历史上的第一次“书同文”发生在周恒王时期,也就是公元前700年左右。这次“书同文”其实是由秦国发起，针对自身文字使用的混乱而进行的一场文字整理规范工作，最终编成《史籀篇》，并将此篇中的标准字“大篆”推

《史籀篇》拓片（局部影）

向全国。第二次“书同文”则发生在秦孝公时期。这个时期由于受六国文字的影响，秦国的文字夹杂了许多小篆和隶书，而且繁简互用，十分不规范。所以很多学者将这一时期的文字称为“古隶”“草篆”“篆隶之间”等等，这都是不准确的。历经了两次商鞅变法的秦国，国势日增，兼并了很多国家的土地，在新征的领域内宣传秦国的治国理念急需借助统一的文字，于是秦国便把自己通用的文字推行到这些地方。四川的青川木牍、湖北的云梦书简都说明秦国已经在其兼并的诸侯国实行“书同文”的工作了。春秋战国时期，各诸侯国的文字存在着明显的地区差异，这严重阻碍了中原地区的经济、文化交流。秦始皇统一六国后，把统一文字作为当务之急，命令丞相李斯、中车府令赵高和太史令胡毋敬等人对文字进行整理。这样，各地的文化交流也方便多了，据《史记·秦始皇本纪》载：“一法度衡石丈尺，车同轨，书同文字。”这里的“一”和“同”同义，即“统一”的意思，故可以将“书同文”理解为“统一天下书写用字”。李斯以秦国文字为基础，参照六国文字，创造出一种形体匀圆齐整、笔画简略的新文字，称为“秦篆”，又称“小篆”，作为官方规范文字。李斯废除其他异体字，把小篆作为秦国标准文字。

我们知道，秦代以前的各诸侯国的统治者都被称为“王”。秦统一六国后，嬴政觉得“王”已经不能显示其文治武功，所以想用一个新的称谓来彰显自己。丞相李斯认为，可用“泰皇”一词，这是因为在天皇、地皇、泰皇中，泰皇最为尊贵。但嬴政却认为“泰皇”一词古已有之，毫无新意。秦始皇认为自己“功盖三皇，德过五帝”，从“三皇”“五帝”中各取一字，组成一个新的称号——“皇帝”。从此，“皇帝”这个词成了中国最高统治者的专属，一直影响了近2000年的中国历史。“皇帝”的“皇”字早见于金文，金文的“皇”看上去像一盏古代的灯，朱芳圃在《殷周文字释丛》中讲道：“皇，即煌之本字。”“皇”

字由“白”和“王”两字构成，《说文解字·王部》:“皇，大也。从自。自，始也。始皇者，三皇大君也。自，读若鼻。”许慎认为“白”为古“自”字，即古“鼻”字。有学者认为“皇”字中的“白”字实际指大拇指正面的形象，它表示至高无上的权力，因此，“白”字和“王”字组成“皇”就指权力。

秦始皇嬴政

说起“皇”这个字，不得不谈一谈“罪”字。“罪”字曾被写为“辠”，很像“皇”，上面的“自”是“鼻子”，下面是刑具。秦始皇发现“辠”字似乎就是和“皇”字和“帝”字的组合，如果人出字谜，谜面可以制为“皇帝的头”，打一字，谜底就是“辠”字，所以必须废了“辠”字。秦始皇还将另一个不相干的字“罪”拉来替代“辠”字。“罪”,从网从非，上面是“网”，下面是“横眉冷对”，意为谁敢对皇帝“横眉冷对”，就将谁网起来。到了汉代，汉儒十分痛恨秦始皇，所以继续沿用“辠”字，可是时间久了，没人敢拿皇帝开玩笑，所以“罪”又被开始使用。

秦始皇嬴政有了“皇帝”这个称谓，并不满足，他认为“秦”这个字也必须改一下写法。在当时，有的诸侯国把“秦”写成上面一个“春”下面一个“禾”,有的诸侯国把下面写成两个“禾”甚至三个“禾”,还有的地方把“秦”写作“琹”，两个“王”坐在同一棵树上，作为始皇帝的嬴政当然不会容忍这一点。有人说，三皇五帝的历史功绩都记载在《春秋》之中，嬴政随即有了新的想法,既然自己“功盖三皇,德过五帝”,那么他的国家亦能独占《春秋》,想到此，他立马写成了一个“秦”字，恰恰是“春”字头和“秋”字左旁的组合。对于这个“秦”字，众臣赞叹不已，“秦”的写法也随之定型。

其实,文字也像生物一样,是不断进化、发展的。可是奋其私智而改字的,秦始皇并不是最后一个。在此后 2000 多年的王朝史上，文字依旧被视为权力的附庸，被统治者们精心打理着。

三、女皇武则天的造字嗜好

一代女皇武则天，是有雄才大略之人，她与高宗“二圣临朝”几十年，可谓“双日并辉”。武则天(624—705),名曌,并州文水(今山西文水县东)人。中国历史上唯一的正统的女皇帝，也是即位年龄最大（66岁即位）、寿命最长的皇帝之一（终年81岁）。武则天为唐代功臣武士彟次女，母亲杨氏。14岁入后宫为唐太宗的才人,唐太宗赐号“武媚”,唐高宗时初为昭仪,后为皇后,与唐高宗李治并称“二圣”。武则天认为自己好像日、月一样崇高，凌挂于天空之上,遂改名为“曌”。武则天自立为皇帝后,定都洛阳，改称神都，改国号为周，在中国历史上上承“贞观之治”,下启“开元盛世”,史称“贞观遗风”。

武则天

武则天当了皇帝以后，想方设法树立自己的权威，为了显示自己的博学多才，也造了许多新字。武则天造字有的选用古字，有的选用会意字。尤其独特的是，她还打破了汉字的方块结构，创造了几个圆体结构字。如把“卍”字放在一个“○”圈里边，就是“月”字；一个“○”圈就是“星”字；把“千千万万”四个字组合在“○”内就是“年”字。她还将写为上下结构的“一生”视为“人”字,“一忠”上下结构为“臣”字，忠心耿耿的一个人即为臣，真是恰如其分。还有“山、水、土”三个字上下结构为“地”字。

自20世纪80年代以来陆续有文章发表，结合出土的碑石文献资料，探讨制字的一系列问题，集中在制字的经过、字形构造和来源等，取得了相当的成果。但是武周新字并不是文字学的热点，在文字学界基本上没有给予其很大的关注，对此比较陌生。古代有几次帝王造字，以武周造字影响最大。可是武则天造字在历史上没有一个完整、系统记载，因此遗留下不少问题。所谓武周改字，也称武氏制字，制出之字称作新字，实际是用新字取代通用的字。所涉之字，主要有三类：天象日月类有：天、地、日、月、星、年、正；国家君臣类有：国、君、臣、人、曌；年号类有：载、初、证、圣、授。唐高宗去世后，武则天连废二帝，改唐为周。武则天称帝之后，为彰显自己无上的权利，便别出心裁地造出许多新字。至于她造了多少个字，有人在《千唐志斋》的1191块唐代志石中，发现了154块武周时期的志石。在这些志石中，查找出18个武则天所造的字，加上她的名字“曌”字，刚好是19个。另一说是她造了23个字或更多。产生这种差别应有两大原因。首先，武则天在位使用这些汉字的时间并不长。其次，这些字大多是由简变繁，对于当时的人来说使用十分不便，因此只是在石刻、碑文或书籍中保留下来。据说《唐书艺文志》记载有《武氏字海》一百卷，但该书现已亡佚，因此无法从中获得线索。另外，有一些字是古代的，在武则天时已基本废止不用，但当时拿出来，作为标准字使用。只是若是将这些字算上，当时造字复古的恐怕就不只区区十几、二十个字了。在这些新造字中，最值得一提的当为“曌”字，表示日月当空，阴阳统一的意思。《旧唐书》说：“则天皇后武氏，讳曌，并州文水人也。”宋人郭忠恕撰《佩觿》也说：“唐，天后以曌代照。”这便是说，武则天本名为“照”，她认为自己是天上日月，当空普照神州大地，给天下百姓送来光明，便将“照”字改为“曌”字，似乎这才是宇宙运行的正道，造化中应有的真谛。还有“地”字，武则天认为这个字不够大气，于是改为“上山、中水、下土”。“国”字改得最复杂，当时幽州有一位书生上书建言，说“国”字方框内的“或”即“惑”，有不稳固之意。当今圣上姓武，是武姓之国，宜将方框中的“或”字改为“武”字，这样才可以上承天意。武则天看了十分高兴，马上降旨天下，将方框内的“或”字改为“武”字，作为国家之“国”字。不久，有人上书说：“武在口中如囚，是不祥之兆。”武则天认为很有道理，又降旨将此字停用，改为“口中八方”，自然，她老人家死后，又回到原来的口中“或”字了。

在日本冈山县的国胜寺，收藏有一件用以埋葬火化遗骨的铜铸骨藏器，

无字碑

这件骨藏器的盖子上的铭文中，有两个方框内为“武”字的“国”字。此骨藏器是日本和铜元年铸造的，即唐中宗景龙二年（708 年），也正是武则天死后的第三年，可见那时她造的字已在日本通行。后来的唐王朝虽然诏书通告天下废除武周文字，但这些文字仍在各地流传很广，比如在敦煌石窟中，就发现了不少以武周文字撰写的佛经。

神龙元年（705 年）正月，武则天病笃，宰相张柬之发动兵变，迫使武氏退位。唐中宗复辟，最终恢复了李唐天下。武则天归天后，尊号为“则天大圣皇帝”，后改称“则天大圣皇后”，以皇后身份入葬乾陵。武则天陵墓前有一块巨大的乾陵无字碑，与述圣纪碑相对，巍峨壮观。述圣记碑是武则天为丈夫高宗歌功颂德而立的碑，她亲自撰写了约 8000 字的碑文，黑漆碑面，字填金粉，光彩照人。东侧便是武则天为自己树立的无字碑。无字碑因碑上未刻一字而得名，清乾隆年间《雍州金石记》有记载：“碑侧镌龙凤形，其面及阴俱无字。”有人认为武则天立“无字碑”完全是为了夸耀自己，表示功高德大非文字所能阐述。也有人认为，武则天立“无字碑”是因为自知自己罪孽重大，但也功业非凡，所以功过是非让后人去评论，是最好的办法。

巍巍无字碑，历经宋、金、元、明、清，镌刻了许多文字，可谓真、草、隶、篆、行五体皆备，或许这正符合了武则天当年立碑的本意，这一切正如郭沫若《游乾陵》所云：“千秋公案翻云雨，百顷陵园变土田。没字碑头镌满字，谁人能识古坤元。”

四、明太祖朱元璋策动的“表笺之祸”

1368 年，明太祖朱元璋在南京称帝，国号大明，年号洪武。“表笺之祸”是这一时期最出名的文字狱惨案。据史料记载，洪武年间的文字狱长达 13 年之久。明初定制，凡遇正旦（岁首）、冬至、万寿圣节（皇帝生日）等节日，及册立太子等庆典，各级官府当上表笺祝福。可正是这些表恭尽敬的表笺使得洪武满朝血雨腥风，不少人被斩尽杀绝、株连九族。

浙江府学教授林元亮因作《万寿增俸表》中有“作则垂宪”句被杀，因为“作则”音同“做贼”，朱元璋认为是在讽刺自己当过红巾军的历史；北平府学训导赵伯宁因作《万寿表》中有“垂子孙而作则”被杀；澧州学正盂清《贺冬表》，以表内有“圣德作则”句被杀；常州府学训导蒋镇为本府作《正旦贺表》，因表内有“睿性生知”句诛，以“生知”嫌于“僧智”也，朱元璋将其和自己当过和尚的历史联系起来。

明太祖朱元璋

台州训导林云为上司作《谢东宫赐宴笺》，以笺内有“式君父以班爵禄”句诛，因“式君父”嫌于“弑君父”也。陈州州学训

高启（1336—1373），字季迪，号槎轩，元末明初著名诗人

导周冕为本州作《万寿表》，以表内有“寿域千秋”句诛，以“寿域”音嫌于“兽欲”也。怀庆府学训导吕睿为本府作《谢赐马表》，以表内有“遥瞻帝扉”句诛，“帝扉”因同“帝非”，当属大不敬。尉氏县教谕许元为本府作《万寿贺表》，以表内有“体乾法坤，藻饰太平”句诛，因“法坤”嫌于“发髡”，“藻饰太平”嫌于“早失太平”。德安府学训导吴宪为本府作《贺立太孙表》，以表内有“永绍亿年，天下有道”句诛，“有道”嫌于“有盗”也。

朱元璋曾大怒曰：“生者僧也，以我尝为僧也，光则剃发也，则字音近贼也。”礼臣大惧，因请降表式，皇帝于是自为文播告天下。

被推崇为“开国第一诗人”的高启，一日诗兴大起，挥笔作诗一首，名曰《宫女图》，诗曰：“女奴扶醉踏苍苔，明月西园侍宴回。小犬隔花空吠影，夜深宫禁有谁来。”这首诗被皇帝看到了，认为高启描绘了后宫生活，侵犯了皇帝的隐私。于是，朱元璋在高启其他文字中找到了一些把柄，将其腰斩八段，弃于市。

朱元璋特别优待印度高僧释来复。心怀圣恩的释来复，回国前写诗谢恩，诗曰“金盘苏合来殊域，玉碗醍醐出上方。稠迭滥承上天赐，自惭无德颂陶唐”。来复的本意是：他生在异国，觉得自己没有资格歌颂大明皇朱元璋。如此谦逊恭维的诗词可惜却被皇帝朱元璋做了另类的解释，他认为“殊”就是“歹朱”，后面还有“无德”二字，不是在说我朱某人歹毒无德吗？下令杀无赦，一代印度高僧就这样被斩首了。

据《七修类稿》中记载：有一个叫作郑伯言的诗人，因有好诗被人举荐，廷试时他作诗两句“鳌足立四极，钟山蟠一龙”，朱元璋对此拍案叫绝，郑伯言以为皇上大怒，随即吓倒在地、昏迷不醒，由此可见文字狱早已弄得人人自危、闻风丧胆。但也有一些胆大之人，一心想要报复一下这位骄横猜忌的皇帝。朱元璋的皇后马秀英出自民间，长着一双大脚板。正月十五闹元宵，京城里有人就做了这样一个灯谜：画一个妇女，赤着双脚，怀里抱着一个大西瓜。谜底就叫淮（怀）西女人好大脚。这个灯谜恰好被朱元璋看到了，一怒之下，就将通街的观灯百姓全都杀光，遂酿成一场特大血案。

朱元璋出身卑贱，加之性格多疑，这是导致文字狱产生的重要原因。这位朱皇帝生于钟离（今安徽凤阳），出身寒微，起初连个名字都没有，因为出生在八月初八，人们就喊他为朱重八。迫于生计的朱重八后来在皇觉寺出家当了和尚，后来加入农民起义军红巾军，因为娶了起义军领袖郭子兴之义女马秀英（即被后人熟知的“大脚皇后”）而逐渐得势，以后他屡建奇功，一步步地走向了权力的巅峰，最终在他 41 岁时建立了大明王朝，年号洪武。虽然这时朱元璋已是九五之尊，可并不光彩的出身和生活史成了他心中永远挥之不去的阴影。为了抬高自己的身段，他曾下令考证自己的家谱，希望能与南宋大理学家朱熹攀亲带故，但因实在难以“联姻”才作罢。表笺内容中的罪名大多和“僧”“贼”字有关，其实就是这些原因导致的。

据《坚瓠集》载，朱元璋有一次进入一座寺庙，发现里面悄无一人，只看见壁间画有一个布袋和尚，墨迹犹新，旁边题有一偈：“大千世界浩茫茫，收拾都将一袋藏。毕竟有收还有散，放宽些子又何妨。”朱元璋判定是有人作祟，借用诗句来嘲笑他的文化暴政，于是“尽诛寺僧”。明初武将的搬弄是非也是洪武文字狱的推动因素。其实，朱元璋并非一开始就对文人有戒备之心，江山初定的朱元璋还特别优待文官，文官地位高于武将，朱元璋还声称：“世乱则用武，世治则用文。”那些曾为大明江山浴血奋战的大将们不免感叹“兔死狗烹”，所以极力诽谤读书人和文官来捍卫自己专宠的权利，最终导致文字狱接连不断。但不可否认的是，皇权至尊的封建专制政治才是文字狱产生的根本原因。在封建专制政治下，皇帝的权威是至高无上的。自古有“普天之下，莫非王土；率土之滨，莫非王臣”，“君让臣死，臣不敢不死”的古训，君臣关系在长达 2000 多年的封建社会里统治着人们的思想，历代帝王也充分运用这份权力，任意杀罚。

明代文字狱败坏了文风，导致了“台阁体”诗词成为文坛之主流。明初的作家如刘基即刘伯温、高启，他们在文学上也很有作为。刘基坚持经世致用的文学主张，将词作为抒情言志的重要工具。高启诗中最为显著的特点就是朴实、率真，可谓开明诗简单率直风气之先声。但朱元璋还是借各种手段迫害刘基和高启。面对稍有不慎、动辄断头的社会形势，许多文人无所适从，在这种情况下，“台阁体”诗文应运而生。“台阁体”由宰辅权臣杨士奇、杨溥和杨荣所倡导，因他们均是台阁重臣而得名。“台阁体”一改刘基、高启等“抒情言志”“清新率直”之诗风，内容大都以粉饰太平、歌功颂德为主旨，艺术上追求“平正典雅”，它的出现和繁荣，在某种意义上难道不是文化的倒退吗？

五、名目繁多的清代文字狱

古代，中原人有着强烈的“夷夏”观。最初有“西戎、东夷、北狄、南蛮”之分，到了后来，就把中原以外的民族都统称为“夷”了。尤其是从汉代开始，儒家的正统思想一直主宰着国民的思想，大汉子民都以炎黄子孙、龙之传人自居，民族的自我意识也十分强烈，认为自己是天赋的优等民族。但1644年清军的入关，无疑是对中原汉人的精神打击，以致在清统治的近三百年里，“反清复明”的口号一直持续不断。与之伴随的是类似于白莲教之类的民间反抗组织，就连近代的辛亥革命也是打着“驱除鞑虏”的旗帜发动的。明末清初著名学者顾炎武怀着满腔家国没落的感慨，发出了“国家兴亡，匹夫有责”的号召，一些士大夫都以出仕清廷而感到耻辱，明末著名学者王夫之也组织义军在衡山对抗，他们认为清王朝的建立是一场“乾坤反覆，中原陆沉”的灾难。据史料称，满族人仅仅用了一个多月的工夫便定鼎北京。然古语云“打天下难，守天下更难”，满族虽有自己剽悍的八旗骑兵，可以用强大的武力制服中原人，但在精神上彻底击败中原人，却是一件异常艰难的事。清统治者很快便清楚地认识到了这一点，于是选择了正统的儒家文化继续作为自己安身立命的根本，但此时的民族斗争和矛盾仍旧接连不断、此起彼伏，清廷便开始恼羞成怒，俗话说“擒贼先擒王”，为了彻底平息反清的余乱，必须从思想上的指导者即当时的读书人下手，既然反清的思想是通过汉人的汉字宣传的，那么，一场血雨腥风的“文字狱”便不可避免地出现了……

满人入主中原后，首先最忌讳的就是明末遗老怀念前朝，故竭力禁绝有关大明王朝的一切史料杂说，尤忌有关南明王朝的宣传和记录。顺治十七年

（1660 年），张缙绅为刘正宗的诗集作序，序言中写了“将明之才”四个字，被人告发，检举者认为此举“怀叵测之心，于此昭然”。于是以“煽惑人心”之罪，将诗集作者刘正宗处以绞刑，张缙绅斩立决。仅仅是因为“将明之才”四个字中有一个“明”字而已，却构成了心系大明、怀念旧朝的叛逆不赦之罪。

查嗣庭（？—1727）清朝大臣。字润木，号横浦，浙江海宁袁花人，查慎行之弟，康熙四十五年（1706年）中进士

顺治十八年（1661 年），浙江乌程（今浙江吴兴）盲人庄廷拢，想学习历史上同为盲人的左丘明著写一部史书，买来明代大学士朱国桢的明史遗稿，又补足崇祯一朝之事，取名《明书》。不久此事被吴之荣告发，然此时庄廷拢已故，却被掘墓开棺焚骨。不仅庄廷拢家人被诛，凡作序者、校阅者及刻书、卖书、藏书者均被处死、俱罹重辟，先后因此狱牵连被杀者共 200 余人，不少人还被充军边疆。由于《明书》一书中仍尊奉明朝年号，还提及建州女真之历史，为清代所大忌，故遭此劫数。

康熙五年（1666 年），山东即墨人黄培把 27 年中所作的 280 余首诗编为《含章馆诗集》，姜元衡从中摘抄了若干句子，便断章取义，指控黄培有反清复明的思想，黄培“因系明朝世宦，隐怀反抗本朝之心，刊刻逆书，已属不法，吟咏诗句，尤见狂悖，且宽袍大袖，延用前朝服制，蓄发留须，故违当朝法令，大逆不敬，应按隐叛诽谤之罪处置，但律无正文，无从援引，谨按他律比附，定拟绞罪。”康熙五十一年（1712 年），戴名世在《与弟子倪声》一信中论及修史之例，认为“本朝当以康熙壬寅（即 1662 年）为定鼎之始，世祖虽入关十八年，时三藩未平，明祀未绝，若循蜀汉之例，则顺治不得为正统”。这些论断被赵申乔告发，戴名世犯大逆罪，致寸磔之刑（即碎解肢体，古代的一种酷刑），全族皆弃市。此时的方孝标因在《滇黔纪闻》中谓南明“其朝未可谓之伪朝”，一语不妥，被发棺“戮尸”，方孝标子之方登峰等、孙子方式济等，及族人方贞观、方世军等被流放至黑龙江宁古塔，族人方苞以诽谤朝廷被判斩立决。盖当时文字狱，多系小人陷害，绝非仅是文字不当之故，可见此时相互告讦之举已蔚然成风。

吕留良

雍正四年（1726 年），查嗣庭为江西乡试主考官。雍正帝为铲除隆科多一派，借口查嗣庭所出的试题“讽刺时事，心怀怨望”，并且认为抄家查出的日记“语多悖逆”。查嗣庭的出题是“维民所止”，出自《大学》，但有人却报告朝廷说：“维止”二字，其意在去“雍正”之首。雍正大怒，将查嗣庭戮尸枭首。

雍正时期的“曾吕”之案，为“本朝诸文字案中第一巨案也”，吕留良著《四书讲义》一书追思故国，诋毁朝章。时湖南靖州人曾静，科举失意，无意读到吕留良评选时文等作品后，生反清之念，于雍正六年（1728 年）“遣其徒张诡名投书于川陕总督岳钟琪”，劝以同谋举事，岳钟琪为岳飞的二十一世孙，不但没有谋反，还将此逆书奏闻圣上，雍正立即押解曾静入京。曾静辩解到因“轻信留良邪说，被其蛊惑，兼闻道路浮言，愈生疑罔，致犯弥天重罪”，表示愿服罪。据此，雍正帝把此案当作一大案，命浙江总督李卫查抄吕、严、沈诸家，所获日记逆书，其所著文集、诗集、日记等一并焚毁。雍正帝认为吕留良罪至不赦，用文字来迷惑人心，散布谣言，罪大恶极，帝谕：“（吕留良）著邪书，立逆说，丧心病狂，肆无忌惮。”六月颁布谕旨，将吕留良及其子吕葆中锉尸枭示，吕毅中斩立决。雍正帝认为此乃“古乱臣贼子中罕见”，凡是与吕留良有牵连之人均遭到了相应的惩处。但雍正帝命将曾静

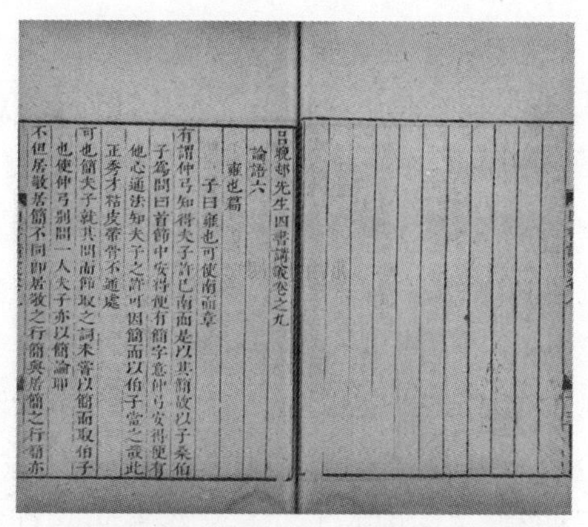

呂晚邨先生四書講義卷之九
論語六
雍也篇
子曰雍也可使南面章
有謂仲弓知得夫子許已南面是以其簡故以子桑伯
子爲問曰首節中安得便有簡字意仲弓安得便有
他心通法知夫子之許可因簡而以伯子當之哉此
正秀才粘皮帶骨不通處
可也簡夫子就其問而稱取之詞未嘗以簡而取伯子
也使仲弓别開一人夫子亦以簡論耶
不但居敬居簡不同即居敬之行簡與居簡之行簡亦

吕留良《四书讲义》书影，现被列入“第一批国家珍贵古籍名录图录”

免罪释放，认为此人为吕留良所诱惑，不至于处死，到此为止，这起大案才算告一段落。

乾隆二十年（1755 年），湖南学政胡中藻著有《坚磨生诗钞》一文集，由于诗中有句“一把心肠论浊清”遭人指责，检举者认为胡中藻故意在清国名字前加“浊”字是诋毁大清之语，除此之外，还有“斯文欲被蛮”等语句，因有“夷”“蛮”等字样，所以这是在辱骂、排斥满人，又其任广西学政时，出题“乾三爻不象龙说”，乃是诋毁乾隆年号的大不敬之举，遂将胡中藻斩首示众，以儆效尤。乾隆二十二年（1757 年），河南夏邑生员段昌绪藏有吴三桂伪檄一份，并“有浓圈密点，加评赞赏”，后被人告发。同县的彭家屏因存有犯禁文字，也被捉拿到京，招认确存有明季野史，乞求宽大，令其家人将所藏野史全部烧毁。乾隆赐彭家屏狱中自尽，将段昌绪处死。乾隆四十三年（1778 年），举人徐述夔《一柱楼诗集》中有“明朝期振翮，一举去清都”句。告发者谓：“借朝夕之朝，作朝代之朝，且不言到清都，而云去清都，显有兴明去本朝（清朝）之意。”他还有一首游戏之作：“大明天子重相见，且把壶儿搁半边。”借壶指“胡”，“显有兴明灭清之意”。朝廷不久将徐述夔以“大逆律”处以戳尸，其孙徐良田、徐良书问斩。又乾隆四十三年，举人王尔扬作《来范墓志》，于“考”上擅用一“皇”字，被人告为悖逆。乾隆以为“皇考”二字见于《诗经》，屈原《离骚》及欧阳修《泷冈阡表》俱曾用之。臣下固应回避，但迂儒俚浅无知，泥于用古，不得谓之叛逆，释之不问罪。乾隆皇帝虽然主动平息了这场案件，但从此人心惶惶。

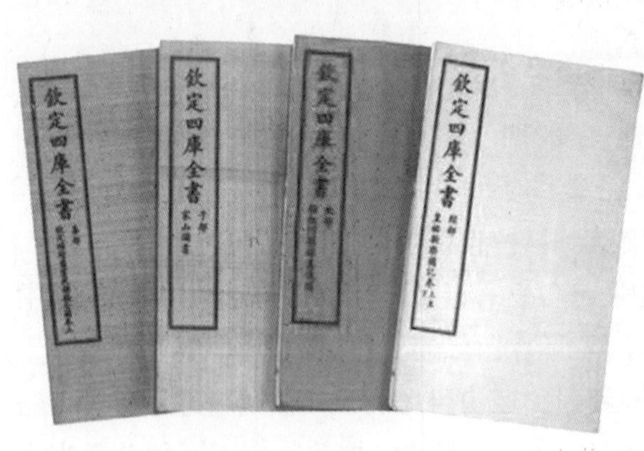

四库全书

乾隆年间，朝廷访求天下遗书并开馆修书，但在访书和修书的同时，一直也没有忘掉禁书和毁书。在修撰《四库全书》时，访书与禁书表现得尤为明显。《四库全书》是乾隆皇帝亲自组织的中国历史上一部规模最大的丛书。自 1772 年开始，经十年才得以编成。《四库全书》分经、史、子、集四部，故名四库。据文津阁藏本，该书共收录古籍 3000 余种、79000 余卷、装订成 36000 余册，保存了极为丰富的文献资料，可谓一部浩大的文化工程，但这么一部书却被后人戏谑为“四不全”，这又是为什么呢？这是因为在此书的编修过程中，数目惊人的书籍遭到了删削、篡改、错讹乃至焚毁的厄运。在《四库全书》的编修中，明令禁焚的书籍就多达 3000 多种，禁毁之数已超过收入总数，百姓迫于淫威，偷偷焚毁的书籍更是不计其数，总计被毁掉的书籍已逾万部，着实是一场空前绝后的文化大浩劫。正如鲁迅先生所言：“清人纂修《四库全书》而古书亡。”(《病后杂谈之余》) 统治者还刻意篡改原文，比如人们所熟知的岳飞《满江红》的名句“壮志饥餐胡虏肉，笑谈渴饮匈奴血”，却被改为了“壮志饥餐飞食肉，笑谈欲洒盈腔血”，因为“胡虏”“匈奴”在清代是犯忌的。还有辛弃疾的《永遇乐・千古江山》：“斜阳草树，寻常巷陌，人道寄奴曾住”，被改作“人道宋主曾住”。“寄奴”是南朝宋开国皇帝刘裕的小名，与犯忌的“夷”“胡”“戎”“虏”等并不相关，可是为了保险起见，被改为“宋主”，实属荒唐可笑。从上述可以看出，毁、删、改，包括留下的大量错讹，都是蓄意而为的。著名学者费正清在《美国与中国》一书中就曾鲜明指出《四库全书》：“通过这项庞大工程，清廷实际上进行了一次文字清查（文学上的“宗教裁判”）工作，其目的之一是取缔一切非议外来统治者的著作。”

文字狱摧残了士人的身心，加深了中国文人的“奴性品格”。以自尊、气节安身立命的士人在文字狱的淫威下明哲保身、气节不存。越来越多的人开始趋炎附势、见风使舵，这是中国知识界的悲哀，自此中国文化开始走向了万马齐喑的局面。文字狱阻碍了文学的发展，是明清文坛沉寂与衰退的主要原因。文字狱使士人远离了真正的文学创作，正如著名学者阎若璩说“予尝发愤太息，三百年来，文章学问，不能远追汉、唐，下及宋、元”。说到唐代，那是一个极具开放和包容的时代，李白和杜甫在诗中也时常指斥权贵、批评时政；白居易将唐玄宗与杨贵妃的风流韵事写成了《长恨歌》而四海传唱；杜牧诗句“一骑红尘妃子笑，无人知是荔枝来”妇孺皆知，但朝廷却处之泰然、听之任之。倘若这些诗人生活在清代，不知道他们将会受到怎样的酷刑与惩罚？！

总之，封建时代的文字狱，一切以皇帝个人的好恶为转移，真可谓荒谬绝伦、怪诞不经。文字狱带给中国文人的不仅是身体上的迫害，而且是精神上的摧残，最终成了读书人心中永远的痛！

六、意义非凡的《康熙字典》

中国最早的词典是《尔雅》,《尔雅》将字分类并一一解释，儒学者也常把《尔雅》视为训诂之作。字典，顾名思义，就是为字提供音韵、解释、例句、用法的工具书。西方有收录单词的词典却无字典，故字典乃中国之独有。

中国字典源远流长，起初名曰“字书”，历代史志将其归入小学类。最早字书相传为周宣王时出于太史籀之手的《史籀篇》，此外还有秦代李斯的《仓颉篇》、赵高的《爰历篇》、胡毋敬的《博学篇》，西汉史游的《急救篇》、扬雄的《训纂篇》等，然而上述这些字书大都仅是编次文字，并无详细解说。东汉永元十二年（100 年），许慎完成《说文解字》一书，被认为是第一部系统地分析字形和考究字源的字书，它首创部首编排法，并对字义、字形、字音进行了全面考证、解释，为后世字书奠定了牢固的基础。此后模仿《说文解字》编成的字书很多，现存有南朝顾野王的《玉篇》，北宋王洙、司马光等编纂的《类篇》，1190 年西夏党项人骨勒茂才完成的《番汉合时掌中珠》被视为第一部西夏文中文双语字典，也是当今考古学家翻译西夏文的重要依据。明梅膺祚的《字汇》、清康熙五十五年（1716 年）张玉书等编的《康熙字典》问世后,“字典”一词才逐渐通行。也有人认为“字典”一词可上溯至唐以前，因为唐代慧琳《一切经音义》中就有引用，但无论怎样,《康熙字典》对后世影响之大，只要一提到古代字典，人们都会不约而同地说出它响亮的名字。

康熙四十九年三月，也就是 1710 年，清圣祖康熙皇帝下诏编纂《康熙字典》，这个浩大的工程由当朝大学士、吏部尚书张玉书担任总阅官，康熙的宠臣陈廷敬担任主持，另有史夔、吴世焘、万经、刘岩、周起渭、蒋廷锡、汪灝、励廷仪、张逸少、赵熊诏、涂天相、王云锦、贾国维、刘灏、梅之珩、陈璋、陈邦彦、王景曾、凌绍雯等 28 人任纂修官。在朝廷颁布的上谕中，通晓音韵、熟知古汉语知识的康熙皇帝对字典编纂的方法做了详尽的指导，可见这部字典在康熙皇帝心中的分量很不一般。纂修官中的张逸少为康熙三十三年甲戌科进士，正是《康熙字典》总编纂张玉书的儿子，张氏父子为这项浩大的工程可谓鞠躬尽瘁、不敢怠慢。总之，《康熙字典》在某种程度上已经不是一部普通意义上的字典，而是“康熙盛世”十分重要的一项文化工程，当然也是国家软实力的象征。《康熙字典》的编撰工作始于康熙四十九年（1710 年），成书于康熙五十五年（1716 年），历时 7 年终于完成，收录汉字 47035 个，是在没有电子检索技术的情况下全靠人工检索而编成的一部古代历史上收录最详尽的字典，这在当时实属不易。

《康熙字典》目录有御制序、凡例、等韵、总目、检字、正文、主内容、子集等。全书采用部首分类法，以 214 个部首分类，列出《广韵》《集韵》《韵会》《唐韵》等韵书的音切，并注有“反切”“直音”两种注音、出处及参考。书首附有“栓字”“辨似”，“栓字”是一些部首难以辨别的字，“辨似”是一些笔画相近而音义相异的字。书末附有《补遗》，收录一些音义齐全的冷僻字，或是一些异体字。《备考》中还收有音无义或音义全无的字。全书按子、丑、寅、卯、辰、巳、午、未、申、酉、戌、亥十二地支分为 12 集，每集又分为上、中、下 3 卷，字义下列有该字的不同音切和意义，除僻字僻义外都引录书证，多引《尚书》《论语》《孟子》《庄子》《荀子》《左传》等经、史、子、集为证。

如何使用《康熙字典》查字，可使用歌诀。有歌诀曰“一二子中寻，三画问丑寅，四在卯辰巳，五午六未申，七酉八九戌，其余亥部存”，或是“一二在子三丑寅，四卯辰巳五午寻，六在未申七在酉，八九在戌余亥存”。如查“康”字。在部首索引中找“广（yan)”部，在“寅下”5 页。除部首外，“隶”为 8 画，再到“寅下”“广”部 8 画里查“康”字，在“寅下”9 页中可以查到。笔画检字用于难字查检，可依笔画检字表。如查“民”字，如果不知道其部首，可以查笔画检字表。“民”为 5 画，可以在 5 画中查到。“民”下注为“氏”部，再到“部首索引”中查到“氏”部。“氏”在“辰下”33 页，再到“辰下”“氏”部 1 画里查到“民”字，在“辰集下”34 页中可以查到。

《康熙字典》的注音一律采用反切法，我们知道，在中国古代，由于没有标准的汉语拼音方案，所以人们常用两个常见的字进行反切或直音来读出这个生字的读音。直音法盛行于汉代，是古代常用的读音方法，如“蛊，音古”“镬，音或”。这种方法简单明了，直到现在人们还常常利用它。但直音法有较大的局限性，因为有的字找不到同音字，即便有的字虽然有同音字，但如果该字比较生僻，注了等于没有注，于是人们在后来发明了反切法。反切法流行于东汉末年，盛行于唐宋各代，所谓反切，就是将上字的声母和下字的韵母拼读为一音，再以下字的声调作为该字的声调。例如“九”注为“举有切”，我们取反切上字“举”的声母“j”和反切下字“有”的韵母“iu”，拼读成“jiu”，并以“有”的声调为声调。所以，使用《康熙字典》有必要参阅其他的一些韵书，例如清康熙年间编的《音韵阐微》，该书用反切法所注的字音和现代的北京音较接近，故我们在读《康熙字典》的字音时，不妨参考此书。

《康熙字典》的版本非常多，有康熙内府刻本，也就是我们常说的武英殿本，此外还有道光七年（1827 年）的内府重刊本、木刻本，以及清末出现的石印本、铅印本、影印本。清末上海同文书局增篆石印本是发行量最大、最流行的一种版本。但武英殿本多是由内廷赏赐，装订十分豪奢，收藏价值极高。

中国汉字总共有多少个，目前说法不一，但起码在 60000 个以上，而《康熙字典》就收录了约 47000 个之多，仅次于《中华大字典》和《中文大字典》，堪称我国第三大字典。《康熙字典》对字的注音、释义十分详尽，书证丰富，很有文献价值。但全书反切和训释漫无标准，很不利于初学者使用。说到《康熙字典》的缺点，其中的疏漏和错误实在很多。乾隆四十二年（1777 年），举人王锡侯删改《康熙字典》，另刻《字贯》一部。王锡侯，江西新昌人，乾隆十五年（1750 年）举人，会试却屡屡落第，遂专心于考证、训诂之学。王锡侯认为《康熙字典》收字太多，于是仿照类书之式，按字样归类，编成一部新体例的简明字典，名为《字贯》。不料王锡侯与新昌县民王泷南结怨，不久便被检举。衙门认为“举人王锡侯删改《康熙字典》，另刻《字贯》，与悖逆无异。为从来未有之事，罪不容诛，即应照大逆律问拟”。于是将王锡侯严审治罪。十一月大学士、九卿会议，以王锡侯应照大逆律办理奏闻，奉旨曰：“王锡侯从宽改为斩决。”十二月，谕旨又命将王锡侯子孙俱从宽改为暂监候秋后处决，其余缘坐人犯均给付功臣为家奴。江西巡抚海成亦因未看出《字贯》悖逆之处，刑部等衙门拟斩监候秋后处决，旋即被释放，戴罪往乌什效力。其余与此案有关办事不力的人均遭到相应处罚。道光七年（1827 年），也就是《康熙字典》成书 100 多年之后，道光皇帝才命令乾嘉学派学者王引之等奉旨勘订《康熙字典》之讹误。王引之共纠正引文、字头、释义以及例证与义项等错误 2588 条，撰成《康熙字典考证》12 卷。近代日本学者渡部温重新校订《康熙字典》，发现 4000 余条错误，但大部分和王引之重复。

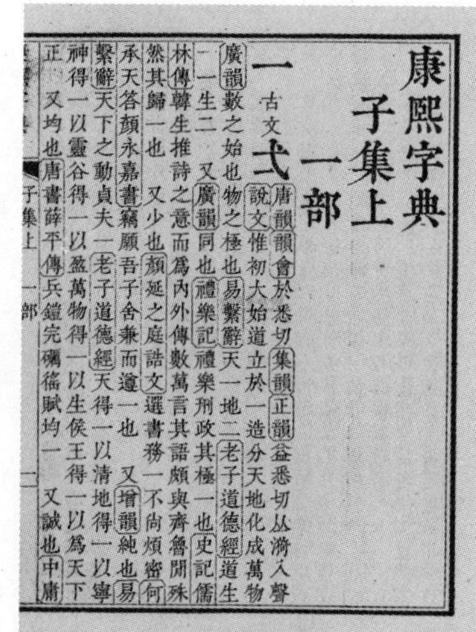
康熙字典
子集上
一部
一 古文弌 唐韻韻會於悉切集韻正韻益悉切从濟入聲
廣韻數之始也物之極也易繫辭天一地二老子道德經道生
一一生二 又廣韻同也禮樂記禮樂刑政其極一也史記儒
林傳韓生推詩之意而爲內外傳數萬言其語頗與齊魯閒殊
然其歸一也 又少也顏延之庭誥文選書務一不尚煩密何
承天答顏永嘉書竊願吾子舍兼而遵一也 又增韻純也易
繫辭天下之動貞夫一老子道德經天得一以清地得一以寧
神得一以靈谷得一以盈萬物得一以生侯王得一以爲天下
正 又均也唐書薛平傳兵鐺完礪徭賦均一 又誠也中庸
子集上 一部

《康熙字典》书影

清光绪年间，《康熙字典》又作再版，为以后的字典编纂奠定了坚实基础。1915 年编成的号称收字最多的《中华大字典》也只比《康熙字典》多收千字左右，当今《汉语大字典》收字也是以《康熙字典》为基础的。《康熙字典》自成书起，影响之大，流行之广，近 300 年来无出其右。清代法律规定，凡读书人科举考试，书写字形必须以《康熙字典》为正误标准，因此该字典对学术界乃至文化界都影响甚巨。

《康熙字典》是一部极具价值的古汉语工具书，是我国辞书界的一座里程碑。时至今日，不论我们学习古汉语知识、了解传统文化，还是做文史研究，它仍不失是一部极为重要的工具书。

第六编　汉字审美文化漫谈

甲骨文的神秘美，钟鼎篆书的古朴美，汉隶的典雅美，楷体的毓秀美，行书的飘逸自如美，草书的惊世骇俗美,不是“公孙大娘舞剑器”能够完全形容的。汉字之美，不仅让人心向往之，同时也令人敬畏。埃及的圣书字、苏美尔人的楔形文字、中美洲的玛雅文字、印度的梵文，早已成为历史博物馆中的“文明”，而汉字仍旧以其独特的“美”显示出极强的生命力。

一、一个汉字就是一幅画

汉字是世界上最美的文字，每一个汉字就是一幅画。下列“字画”，你能认出多少个字呢？

上面每幅字画都包含了好几个字，真可谓字如其画、画如其字，生动形象、妙趣横生。这些字画的谜底依次是：1. 电风扇，2. 蝴蝶，3. 奔驰，4. 钓鱼，5. 熊猫，6. 老外，7. 出入平安，8. 金鱼，9. 气象台。将文字与图画如此形象地结合起来，恐怕也只有汉字能做得到了，而这一切恰恰取决于汉字本身所具备的美学特征。

论及汉字的美，著名美学家宗白华先生有这么一段话讲得很贴切："中国的字不像西洋字由多寡不同的字母所拼成，而是每一个字占据一固定的空间，而是在写字时用笔画，如横、直、撇、捺、钩、点，结成一个有筋有骨有血有肉的'生命单位'，同时也就成为一个'上下相望，左右相近，四隅相招，大小相副，长短阔狭，临时变适''八方点画环拱中心'的一个'空间单位'。"汉字是世界上历史最悠久的文字之一，也是当今世界使用人口最多的文字，从它的构形和表达方式来看，每一个汉字就是一幅精美的美术作品。汉字在形成过程中，将象形、指事、会意、形声、转注、假借六法皆融合，故其构造和思维方式是独一无二、举世无双的。汉字是一种图画性非常强的文字，这从商代甲骨文中就可以清楚地看出，汉字的写和画有着极为密切的关系。

当然，讲到汉字之美，就不得不谈一谈汉字美学的代表——书法。宗白华认为，书法"若写得好，用笔得法，就成为一个在有生命的空间里体味的艺术品。若字和字之间，行与行之间，能'偃仰顾盼，阴阳起伏，如树木之枝叶扶疏，而彼此相让。如流水之沦漪杂见，而先后相承'。这一幅字就是生命之流，一回舞蹈，一曲音乐"。沈尹默在《历代名家学书经验谈辑要释义》中认为，甲骨和龟甲上的刻刻画画，彰显着先民们对自然万物的体验与感悟；秦汉的篆隶厚重匀称，让人为其敦厚肃穆的气质所叹服；魏晋的行草宛若游龙，飞腾自如的气势叫人怎能不荡气回肠？书法之所以是中国最高之艺术，就在于它能"显出惊人奇迹，无色而具画图的灿烂，无声而有音乐的和谐，引人欣赏，心畅神怡"。

在古人看来，书法就是对自然的模仿，正如蔡邕《九势》中所载："夫书肇于自然，自然既立，阴阳生焉，阴阳既生，形势出矣。"当然，精湛的书法技艺少不了娴熟的书法程式，书法须有步骤，而不能急于求成，关于这一点，书法家王羲之的见解很受用，王羲之《题卫夫人〈笔阵图〉后》："夫欲书者，先干研墨，凝神静思，预想字形大小、偃仰、平直、振动，令筋脉相连，意在笔前，然后作字。"所以写字之前需要做到凝神静思、意在笔先。但从书法的创作心态上讲，又需要我们做到苏轼所言"经意"与"不经意"的统一，因为"无意于佳乃佳"，作书如果刻意为之，效果就会大打折扣，达不到灵动神韵的效果。在王羲之看来，好的书法应该做到“必达乎道，同混元之理”，这样才能“七宝齐贵，万古能名”，流芳百世。蔡邕认为书法需要“阴阳既生”，如此才能“形势出矣”，好的字在于正、欹的辩证统一，而书法的章法布局更需要虚实相生、错落有致、整体和谐，这样才符合阴阳合德的自然之理。阴阳的调和与统一，是古人书法所追求的艺术意境。

书法的功底是否深厚，取决于用笔的笔法。卫铄《笔阵图》云：“夫三端之妙，莫先乎用笔；六艺之奥，莫重乎银钩。”关于笔法，通常有中锋、侧锋、藏锋、露锋四种，中锋圆润遒劲、侧锋妩媚隐约、藏锋厚重凝练，露锋挺拔刚健。一幅完美的书法需要中锋、侧锋，藏锋、露锋兼容并蓄，这样才能刚柔相济、张弛有度、缓急自如，最终达到“气宇融和、精神洒脱”的艺术效果。

有关书法的运笔，萧衍《答陶隐居论书》中有很细致的描述：“夫运笔邪则无芒角，执书宽则书缓弱，点掣短则法臃肿，点掣长则法离澌，画促则字势横，画疏则字形慢；拘则乏势，放又少则；纯骨无媚，纯肉无力，少墨浮涩，多墨笨钝，比并皆然。任意所之，自然之理也。若抑扬得所，趣舍无违；值笔连断，触势峰郁；扬波折节，中规合矩；分简下注，浓纤有方；肥瘦相和，骨力相称。婉婉暧暧，视之不足；棱棱凛凛，常有生气；适眼合心，便为甲科。”当然，运笔不仅需要手腕灵活、技艺娴熟，还需要做到运气自如，朱履贞《书学捷要》曰：“夫运者，先运其心，次运其身，运一身之力，尽归臂腕，坚如屈铁，注全力于指尖，运之既久，俾指尖劲捷，运笔如飞，迨乎至精极熟。”可见好的书法需要运心、运身、运尽全身之力，这样才能下笔如飞、浓纤有方、至精极熟。从“运气”二字可见，书法不仅是一种情调、满足，更是一种爆发、宣泄、释然，能够让我们在笔墨的律动之后获得心灵上的欣然与愉悦。

美是善，是崇高，是和谐。而汉字书法的魅力就在于能够把这种善、崇高、和谐通过自身的审美体验、审美旨趣、审美理想发挥得淋漓尽致。书法通过雄浑厚重的气势彰显其崇高、博大、积极向上的精神力量，通过秀丽婉约的笔调显露其内敛、含蓄、隽永毓秀的灵动之风，这让人往往沉醉其间而不知老之将至。书法不仅可以陶冶性情、消除疲劳，还可以锻炼意志、增加智慧。人生难免落寞寂寥，不妨作书消日、以字排遣，使得内心积郁已久的情感得以喷薄而发，待掩卷之时，一切风平浪静、意犹未尽，可谓超凡而脱俗，岂非人间之至臻境界哉？

二、古代趣诗大观

论及汉字诗歌的建筑美，闻一多先生曾有一段十分精辟的论述："我们的文字是象形的，我们中国人鉴赏文艺的时候，至少有一半的印象是要靠眼睛来传达的。原来文学本是占时间又占空间的一种艺术。既然占了空间，却又不能在视觉上引起一种具体的印象——这是欧洲文字的一个遗憾。我们的文字有了引起这种印象的可能，如果我们不去利用它，真是可惜了。所以新诗采用了西文诗分行写的办法，的确是很有关系的一件事。姑无论开端的人是有意的还是无心的，我们都应该感谢他。因为这一来，我们才觉悟了诗的实力不独包括音乐的美（音节）、绘画的美（辞藻），并且还有建筑的美（节的匀称和句的均齐）。这一来，诗的实力上又添了一支生力军，诗的声势更加扩大了。所以如果有人要问新诗的特点是什么，我们应该回答他：增加了一种建筑美的可能性是新诗的特点之一。"在闻一多看来，汉字作为形、音、义相结合的语言系统，造就了中国诗歌的其他文字诗歌无法企及的建筑美，但这种美不仅在于"形式"，还在于"内容"，更在于"意境"。

讲到中国诗歌，大家最熟悉的应当是律诗了。我们知道，律诗发源于南朝齐永明时，这一时期佛教盛行，梵音对四声的创立产生了一定影响，周颙在《四声切韵》中明确提出了"平上去入"四声。与此同时，沈约与谢朓、王融等人将四声的区辨与传统音韵相结合，明确指出了五言诗创作时应避免的声律"八病"，即平头、上尾、蜂腰、鹤膝、大韵、小韵、旁钮、正钮，为后来近体诗的创作奠定了基础。到了唐武周年间，沈佺期、宋之问定型七律，律诗臻于成熟。律诗句式整齐、结构稳重，具有很强的立体感，这当然和汉字本身的特点有关，但闻一多先生认为，传统律诗"非得把它挤进这一种规定的格式里去不可，仿佛不拘是男人、女人、大人、小孩，非得穿一种样式的衣服不可。”所以，随着时间的推移，过度注重韵脚和格律的律诗变得越来越呆板、僵硬。为此，人们开始试图创作一些突破律诗形式的“趣味诗”，趣味诗在旧诗话中被称为“杂体诗”，最典型的有宝塔诗、倒宝塔诗、回环诗、辘轳体诗、璇玑图诗、离合诗、双声诗、叠字诗、藏头诗、嵌字诗、拆字诗、神智体诗、八仙体等，这些诗充分利于了汉字形、音、义的特点，令人耳目一新，绝妙之处往往叫人捧腹大笑、拍案叫绝。

趣味诗中最典型的当属宝塔诗了，由于整篇诗歌的体制像一座宝塔，故名宝塔诗。历代诗人，涉足宝塔诗者不在少数。“宝塔诗”按形状可分为单宝塔诗、双宝塔诗和变形宝塔诗。先看一首取自吴敬梓《儒林外史》中的单宝塔诗：

呆
秀才
吃长斋
胡须满腮
经书揭不开
纸笔自己安排
明年不请我自来

据《唐诗纪事》所载，唐代诗人令狐楚于大和三年（829年）在长安兴化池亭饮宴席间，为白居易分司东都送行而作下诗。主客有李绅、元稹、张籍等共9人，各以1字至7字为题，题韵合一写诗，取名为《山》：

山
耸峻 回环
沧海上 白云间
商老深寻 谢公远攀
山岩泉滴滴 幽谷鸟关关
树岛西连陇塞 猿声南彻荆蛮
世人只向簪裾老 芳草空余麋鹿闲

此外，还有唐代张南史的双宝塔诗《花》：

花　花
深浅　芬葩
凝为雪　错为霞
莺和蝶到　苑占宫遮
已迷金谷路　频驻玉人车
芳草欲陵芳树　东家半落西家
愿待春风相伴去　一攀一折向天涯

又白居易的双宝塔诗《诗》：

诗　诗
绮美　瑰奇
明月夜　落花时
能助欢笑　亦伤别离
调清金石怨　吟苦鬼神悲
天下只应我爱　世间唯有君知
自从都尉别苏句　便到司空送白辞

再如宋代文同的《咏竹》诗：

竹　竹
森塞　洁绿
湘江滨　渭水曲
帷幔翠锦　戈矛苍玉
心虚异众草　节劲逾凡木
化龙杖入仙陂　呼凤律鸣神谷
月娥巾披静苒苒　凤女笙竽清簌簌
林间饮酒碎影摇樽　石上围棋轻荫复局
屈大夫逐去徒悦椒兰　陶先生归来但寻松菊

此外还有变形宝塔诗，如倒影诗，似塔之临水，倒映于水面之上，十分形象，著名的有清代王有光摘吴越俗谚俚语排成的变形宝塔诗：

阴阳
天地大
黑白分明
侉早做人家
你叽呱我也叽呱
坛穷不读书富不教学
读书造化不读书告化
清明不拆絮到老不成器
告化子遁走猢狲就没戏耍
要知未来路径须问过来人家
枉活三千年不知天知地知
有书不苦读不如睁眼瞎
黑眼乌珠难见白铜钱
男大当婚女大当嫁
善恶到头终有
前船是后船涯
事上无难事
有德终发
回味甜
由他

再如民间流传的讽刺秃子的倒宝塔诗：

一轮明月照九州
西瓜葫芦栝蒌
梳篦不上头
虱蚤不留
光溜溜
净肉
球

上述宝塔诗大多呈三角形或倒三角形，这是古代趣诗的一大典例。除此之外，呈圆形的回环诗更有一番趣味。

回环诗，又名“回文诗”“回纹诗”，回环诗的特点是回还往复正读倒读皆可成章句。回环是汉语特有的一种修辞方法，文体上称之为“回文体”。回环诗的创作由来已久，如今可见到的回环诗，以苏伯玉妻之《盘中诗》为最早。相传汉时苏伯玉赴蜀久而不归,其妻居于长安,用盘中诗以寄思念之情。全诗写于盘中，从中央起句，回环盘旋而至四角，诗曰：

山树高,鸟啼悲。泉水深,鲤鱼肥。空仓雀,常苦饥。吏人妇，会夫稀。出门望，见白衣。谓当是，而更非。还入门，中心悲。北上堂，西入阶。急机绞，抒声催。长叹息，当语谁。君有行，妾念之。山有日，还无期。结巾带，长相思。君忘妾，天知之。妾忘君，罪当治。安有行，宜知之。黄者金，白者玉。高者山，下者谷。姓者苏，字伯玉。人才多，知谋足，家居长安身在蜀，何惜马蹄归不数。羊肉千斤酒面斛，令君马肥麦与粟。今时人，智不足。与其书，不能读。当从中央周四角。

清代沈德潜于《古诗源》中对此诗评道：“使伯玉感悔，全在柔婉，不在怨怒，在深于情。”明人胡应麟也说它“绝奇古”。回环诗是中国文化中独有的文学体裁，它将汉字的独特之处发挥得淋漓尽致。古代文人中会写回环诗的并不多，如今有水平的回环诗也少之又少，除了上面所提到的苏伯玉妻之《盘中诗》外，最有名的当属苏轼的《赏花归去》。相传，六月的一天下午，苏小妹与兄苏东坡正荡舟湖上，欣赏美景之际，忽有人呈上苏小妹丈夫秦少游的一封书信，打开一看，上面仅有一句“静思伊久阻归期忆别离时闻漏转”，苏小妹看罢，便知原来是一首别出心裁的回环诗：

静思伊久阻归期，
久阻归期忆别离；
忆别离时闻漏转，
时闻漏转静思伊。

苏小妹被丈夫的痴情深深打动，面对眼前的西湖美景，也仿写了一首回环诗，遥寄给少游：

采莲人在绿杨津，
在绿杨津一阕新；
一阕新歌声漱玉，
歌声漱玉采莲人。

苏东坡在一旁为小妹过人的文采感到高兴，他也不甘示弱，略加思考后，提笔写了一首回环诗：

赏花归去马如飞，
去马如飞酒力微；
酒力微醒时已暮，
醒时已暮赏花归。

苏东坡回环诗《赏花归去》

此外，璇玑图诗也是一种构型独特的回文诗，相传为前秦时秦州刺史窦滔之妻苏惠所做。“璇玑图”总计841字，纵横各29字，纵、横、斜、交互、正、反读或退一字、迭一字读均可成诗，诗有二、四、五、六、七言不等，甚是绝妙，曾广为流传，但读法颇为复杂，故后世作此类型诗者极少。

神智体是一种近乎谜语的诗体，主要依靠字形大小、粗细、长短、排列、笔画增损、位置高低、正反、颠倒、欹侧、拆借、偏旁移位、反书等方法，达到“以形见义”的效果。神智体诗歌又名“谜象诗”,字体变形所造成的“谜象”给诗的解读造成了很大障碍，因此解读神智体需要具备一定的学问功底。大才子苏轼是创作神智体的第一人，其诗作《晚眺》便是神智体的典范：

长亭短景无人画，老大横拖瘦竹筇。
回首断云斜日暮，曲江倒蘸侧山峰。

初看此诗似乎并没有什么特别之处，但有幸得见此诗手迹，便不得不为作者的才思叹服。宋神宗熙宁年间，一自夸能诗的大辽使者抵达京都，神宗命苏轼侍驾。辽使以诗问苏轼，苏轼便回道：“能写诗是易事，能解诗才是难事。”于是，便写就了一首《晚眺》：

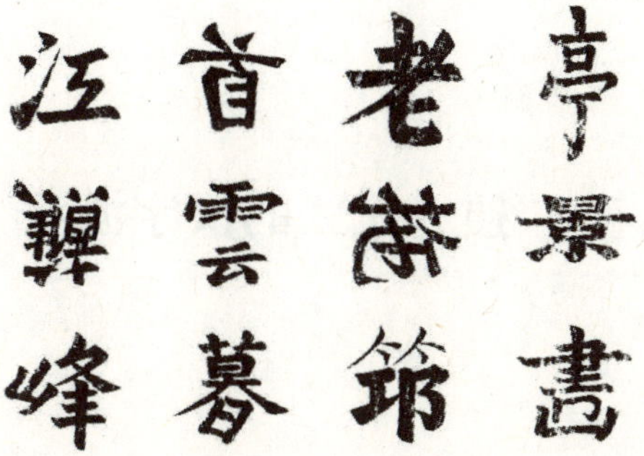

苏东坡神智体诗《晚眺》

《晚眺》这首诗，共 12 字，有长写，有短写，有横写，有侧写，也有倒写，首句的“亭”字写得极长，“景”字写得极短，意谓“长亭短景”；“畵”字底省去了“人”，成了“无人畵”。第二句的“老”字写得稍大，即老大；“拖”字横写，是为横拖；“笻”字竹头写得极细，便为瘦竹。第三句，“首”字反写，成“回首；“雲”字上“雨”下“云”拉开，意为“断云”；“暮”字下“日”斜写，成了“斜日暮”。最后一句“江”字之“工”曲写，“蘸”字倒写，“峰”字“山”旁侧写，成了“曲江倒蘸侧山峰”。宋代桑世昌在《回文类聚》中认为，此诗“以意写图，使人自悟”。辽使看罢，不知所云、羞愧万分，从此不再论诗。《晚眺》虽为文字游戏，但从全诗意境看，寓情于景，意境高远，后世也有很多仿写的神智体诗流传至今，但无论是立意还是神韵都远不及苏轼的《晚眺》。

三、独一无二的汉字游戏

字谜是中国特有的文字游戏，也是一种特殊的文化现象，它充分利用了汉字形、音、义的特点，采用离合、增损、象形、会意等多种方式进行设制，可谓变化无穷、种类繁多。字谜之“谜”须巧妙，不仅对趣味性要求极高，还要富有知识内涵、寓教于乐，因此它对制谜人的行文措辞、修辞技巧等语言功底以及文化素养要求极高，故历来深受传统文人雅士们的喜爱。

字谜在中国有很长的历史，虽然它只是一门典型的文字游戏，但它对古代的政治、文化以及社会风俗发展的影响，今人无法想象。《孝经援神契》有语曰：“宝文出，刘季握。卯金刀，在轸北。字禾子，天下服。”“卯金刀”，合之为“刘”；“禾子”，合之为“季”。我们知道，汉高祖刘邦，字季，这条字谜显然是在为刘邦统一天下制造舆论。可见，古代字谜常常被提升为谶语，服务于政治。据《世说新语·捷悟》载，杨修做主簿时，为曹操修建府邸。在始构屋架时，曹操出来巡视，对府门颇不满意，于是在相府门上写了一个“活”字，便不发一言离去。杨修一见此字，立即命人把相国府的门拆去重修，众人不解。杨修解释到说：“‘门’中加‘活’字，就是‘阔’字。丞相是嫌门太大了啊。”杨修辨谜不仅准确而且迅速，一时传为美谈。字谜在魏晋时期，开始走向成熟，刘勰在《文心雕龙》中写道：“自魏以来，颇非俳优，而君子嘲隐，化为谜语。”在古代，字谜常常是君子嘲隐时政的主要依托，有时也被老百姓用来反抗封建统治，发泄不满情绪。汉献帝时，权奸董卓败坏朝纲、鱼肉百姓、无恶不作，京城百姓编成童谣：“千里草，何青青；十日卜，不得生。”“千里草”三个字合起来就是“董”，“十日卜”合为“卓”字，“卜”在古代又有死亡之意，所以此童谣是在诅咒专横跋扈、丧尽天良的当权者董卓尽快覆灭。董卓虽然威势赫赫、名震一时，但最终还是死于非命。在古代战事中，字谜也常被用来作为军事斗争的联络暗号。武则天当了皇帝后，徐敬业集兵谋反，准备“讨逆”，中书令裴炎在朝廷做内应，结果因为事情败露，裴炎被俘。在审讯裴炎的过程中，刑部人员发现了一封裴炎打算寄给徐敬业的密信,可信上却只写了“青鹅（鵝）”两个字。满朝文武对此迷惑不解，此时武则天灵机一动，识破了其中的玄机，说：“此乃隐语。青者，十二月；鹅（鵝）者，我自与也。”其实，“青”字可以被拆成“十二月”三个字，“鹅（鵝）”字可以分离为“我自与”三字。原来，裴炎本打算与徐敬业约定，在十二月共同起义，不料谋事不密，反致泄露。

对字谜破解的徐疾快慢，是古人辨识对方才智高下的重要方法，因此字谜游戏也是古代酒宴游乐等各种聚会场合的重头戏。据北魏杨衒之《洛阳伽蓝记》记，一次孝文帝设宴招待群臣，众人皆向文帝进酒，文帝越喝越高兴，尽兴之余便对群臣说：“朕这里有一道谜，谁先猜出，有赏。”接着，文帝口占一谜：“三三横，两两纵，谁能辨之赐金钟。”文帝谜语一出，群臣十分不解，不大一会儿，有几个人说出几个谜底，文帝都摇头否定了。这时，元勰站起来说：“是不是个‘习（習）’字？”文帝高兴地点点头，赐给元勰一份厚赏。事后,元勰解释给大家说：“三三横,两两纵,正好是个‘羽’字。金钟是酒杯，酒杯也叫‘大白’。‘羽’加‘白’即为谜底‘习（習）’字！”大家这才明白过来。大清乾隆皇帝自视才高八斗，因此也非常喜欢猜谜。一年元宵节，大才子纪晓岚写了一副对联，挂在会场正门：“黑不是，白不是，红黄更不是，和狐狸猫狗仿佛，既非家畜，又非野兽；诗也有，词也有，论语上也有，对东西南北模糊，虽是短品，却是妙文。”这副谜联对仗十分工整，要求打二字。这一下不但把满朝文武与宫廷嫔妃都难住了，就连乾隆皇帝也毫无头绪，最后只得请纪晓岚自己解释。纪晓岚说：“在五色之中黑、白、红、黄都不是，是什么？”乾隆立刻说：“当然是青色了。”纪晓岚又说：“狐狸猫狗这几个字相同的地方在哪里？自然是‘犬’旁了。”说到这里,乾隆便说：“不用你再说，这下一联的字我也猜着了。”原来这副对联的谜底正是“猜谜”二字,大家听了，无不称赞。

字谜还被许多文人用来创作古诗，如唐代孟迟的《闺情》诗云：“山上有山归不得，湘江暮雨鹧鸪飞。”“山上有山”，既写了旅途的艰险，又暗藏一个“出”字，表达了作者不畏艰难的心志，犹如画龙点睛之笔，极大地发挥了汉字的优长。再如宋代苏轼在《夜烧松明火》中写道：“坐看十八公，俯仰灰烬残。”“十八公”合起来就是一个“松”字，拟人比物极为巧妙，诗意与谜底同意相承，显示了作者极高的写作水平。

还有不少民间文人经常用字谜进行测字、抽签、相命、圆梦，以谋生计，这其实是充分利用了汉字的离合手法。据宋代蔡绦《铁围山丛谈》记，宋徽宗时，成都人谢石在京师以拆字相命为业，能预言祸福，很有名气。一日，宋徽宗命东宫太子写一个“太”字，找谢石测算。谢石早已得知此事，见了此字后，故作惊讶说：“这个字有天子之气呀！‘太’字下面的一点写得长了些，很像一横。若把此横移在‘大’字上，那不就是天子的‘天’字了？”这种通过笔画移动变字的方法，在命相中应用极广。相传乾隆年间，扬州有一位测字先生非常出名，他的摊位上写着“测字八分灵，不灵不收钱，一字一分钱”。正在扬州游玩的乾隆听说此事后，打算微服出巡，亲自去探探虚实。原来，测字先生的摊位摆在一个帐篷里，可能是为了测算隐蔽的需要。乾隆皇帝往帐篷里一看，里面排队测字的人非常多。这时，正在测试的一个人写了一个“一”字，测字先生问了问此人的生辰八字以及出生地方，便说：“‘一’字是说你形单影只，孤苦伶仃，命薄福薄，往后的日子会更加艰难的。”此人听后，哀号道：“我命休矣，上个月妻子刚刚亡故，又没有留下一儿半女，最近身体十分不适，看来先生所言果真不虚。”于是便唉声叹气，耷拉着脑袋离开了。让乾隆皇帝更加好奇的是，刚刚测字的那个人竟然和自己的生辰八字一样，于是轮到他测字的时候，他也写了一个“一”字。测字先生看了看纸条上的“一”字，问了问乾隆的生辰，最后又问乾隆是在哪里出生的。乾隆说：“出生在北边。”话音刚落，乾隆皇帝手里的字条不小心掉在了地上。测字先生大惊失色，急忙将帐篷里的人赶出账外，谎称今日到此不再营业。待众人离去，测字先生便立即跪在乾隆面前，苦苦哀求道：“皇上饶命，小人并非有意冒犯，请皇上开恩。”乾隆皇帝大吃一惊，问道：“你怎么知道我是皇上？”测字先生说：“你写了一个‘一’字，意为九九归一啊！”乾隆皇帝接着问道：“刚刚那个人也写了一个‘一’，为何竟是那般下场？！”算命先生连忙答道：“刚刚那个人与皇上虽然同年同月同日生，但生在南方，命数自然与皇上大不相同，再者皇上今日身穿白衣，刚刚写的‘一’字又不慎落在了地上，‘地’就是‘土’，‘土’上加一横就是‘王’字，‘王’上加‘白’不就是‘皇’字吗？”乾隆听后大加称赞，便给测字先生赏赐了一百两白银，并打算带测字先生回京、委以重任。测字先生听后便哭泣道：“我本乡野之人，蒙皇上隆恩，只是鄙人命薄，见了天子便要去见阎王了。”说罢便让人叫来小女儿，为女儿叮嘱后事。乾隆皇帝并不放在心上，便离开帐篷回行宫了，临行时还说“过几日便差人接你”。谁料皇帝前脚刚走，一块砖头从天而降，正巧砸中了测字先生的头，测字先生便一命呜呼了。乾隆测字的故事之所以在江南广为流传，是因为充分利用了字谜的“附会”功能。

乾隆微服出游

整个宋元明清时期，制谜和猜谜的风气都非常盛行。字谜也不再拘囿于文人雅士之中，开始散播到民间。童谣歌赋、碑额书题、印章绘画、小说笔记、百戏技艺、酒令暗语，无不是字谜留下的种种表现形式。宋代吴自牧《梦粱录·小说讲经史》记：“商谜者，先用鼓儿贺之。然后聚人猜诗谜、字谜、戾谜、社谜，本是隐语。……记问博洽，厥名传久矣。”上至帝王将相，下至士民百姓，皆以谜为乐，以谜为趣，竞相猜测，蔚然成风。而在民间字谜游戏中，最典型当属灯谜和析字联了。

灯谜又称文虎、打虎、弹壁灯、商灯、射、解等，是一门传统的文化娱乐项目，发端于春秋时期，成熟于宋代。宋人喜欢将谜条系在彩灯下方，供人猜射。制谜人常常运用拟人、夸张、比喻等手法来制作灯谜，谜底的涉及面也相当广泛，包括动物、植物、农具、名人、生活用品、民俗节日等。灯谜的文学性和趣味性都很浓郁，谜面多以四句形式出现，讲究押韵，读起来需朗朗上口，但猜测难度也较大，猜中者往往获利不菲。灯谜一般由谜面、谜目和谜底三部分组成，讲求“谜贵别解”，即不能按谜面的表面意思得出谜底，需要用脑筋发掘其中内含的“深意”。谜底中的字，不能出现在谜面上，否则称之为“露春”，“露春”被看成是灯谜的败笔，往往是不容许的。

灯谜虽然种类繁多、不易猜中，但也不是无规律可循，灯谜的制谜方法通常有：拆字法、象形法、增补法、减损法、会意法、半面法、方位法、通假法、正字反侧法、有典化无典法等。

拆字法是灯谜最常用的手法，它利用汉字可分可拆的特点，对谜面或谜底文字的笔画、偏旁、部首进行增损或离合，须仔细推敲才能求出谜底。如“啄木鸟”，打一个字，谜底是“枭”；“一只黑狗，不叫不吼，打一个字”，谜底是“默”；“四撇一弯钩，虫在肚中留”，谜底是“蜀”。

象形法灯谜，往往根据事物的特征与汉字的结构，拟人拟物，如：“你一半，我一半，同心干，把树砍”，谜底是“伐”；“十八乘六”，谜底是“校”；再如“米寿”指“八十八岁”，都是对象形法的应用。

增补法用增补字或者部首、偏旁、笔画的办法求得面底相互扣合。如：“为中国多做一点贡献”，谜底是“蝈”字。“中国”二字多加“一”字和“、”（点），结合起来就是“蝈”字。反之，减损法就是根据谜面或谜底带有减损意义的字眼所做的提示，从谜面或谜底中减去有关的字或偏旁、部首、笔画，然后使面底相互扣合。“牛”（打邮政名词一），谜底为“收件人”。这是把谜底别解为，如果将“件”字的人字偏旁收掉的话，那么就剩下一个“牛”了。

会意法亦称字义分析法，不仅要从谜面上的文字去推敲，还要联想出不易觉察的“隐义。”此类谜重在意上扣合，耐人寻味，是一种热门的谜法。如“崔颢题诗在上头”（猜电影演员），谜底为“李默然”。唐代诗人崔颢曾在黄鹤楼提诗，李白见后赞叹道：“眼前有景道不得，崔颢题诗在上头。”此句为此灯谜典故，依此事扣“李默然”。

元宵节灯谜

方位法谜面按文字笔画所指之东西、南北、内外等方位，将有关的字的偏旁、部首做相应处置。如：“孔雀东南飞”（打一字），谜底是“孙”。“孔”字东部和“雀”字的南部都“飞”了，剩下“子”和“小”，随即组合成“孙”。这种谜技巧自然，毫无斧凿之迹，深受大众欢迎。

通假法是将谜面中的某个字变今义做古义解释。如“破晓过河”（打三字词汇），谜底为“透明度”。因为古时“度”与“渡”相通，故本谜底应是“透明渡”。

有典化无典是指谜面似乎是借用典故，实际上用其文而避其义。如“莫须有”（打四字口语），谜底为“不要胡来”。谜面的典故是奸臣秦桧曾以“莫须有”的罪名诬陷岳飞，此谜不按原典扣合，将“莫须有”别解为“不要有须（胡子）”来扣合谜底“不要胡来”。再如，“细君”（打三字口语），谜底为“小皇帝”。“细君”的典故是汉武帝赐肉给群臣，东方朔抢先拔剑割了一块肉想带回家。武帝问他为什么，他说带回去给“细君”。细君是东方朔妻子的名字。今撇开原典，以“细”扣“小”，以“君”扣“皇帝”，于是不难得出谜底“小皇帝”。

除了灯谜外，析字联也是一项重要的汉字游戏，它是根据汉字形体结构的特点，通过分拆、合并，巧妙地制作对联的一种方法。“析字”即“拆字”，故析字联又称拆字联。历代文人墨客十分喜欢作析字联，康熙、唐伯虎、苏东坡等都是作析字联的能手。

据传，一日佛印和尚去拜访苏东坡，两人交谈佛经之时，恰好被苏小妹隔窗听见，便有意出此上联要笑佛印和尚：“人曾是僧，人弗能成佛。”意谓人虽然当了和尚，但终究还是成不了佛。佛印不甘示弱，对道：“女卑为婢，女又可为奴。”意谓卑微的女子就是婢女，而婢女又可称奴才，相互戏谑，饶有趣味。过去有潘、何两姓农户联姻，来客作贺联：“有水有田方有米，添人添口便添丁。”上联将“潘”字分拆为“水、米、田”，下联将“何”字分拆为“人、口、丁”，妙趣横生。明代宰辅杨溥，幼时家贫，县官要他父亲服劳役，因其父年老体弱，杨溥再三请求减免。县官出一上联要杨溥应对：“四口同圖，内口皆归外口管。”杨溥立即对答道：“五人共傘，小人全仗大人遮。”四口皆在“圖”内，意指在县令的管辖范围，就得听他安排。杨溥对句拆解“傘”字，不仅“五人共傘”，还表达了“请大老爷关照”的意思，县令听后为少年杨溥的奇才所折服，遂免除了杨溥父亲的劳役。

八国联军进犯中国时，腐败无能的清政府屈膝求和。议和桌上，一位号称精通汉学的洋人代表公然提出上联要求答对：

骑奇马，张长弓，琴瑟琵琶八大王王王在上，单戈作战。

洋人代表以为无人能对此联，想借此羞辱一下清廷，就在此时，清廷的一位官员昂然对出下联：

伪为人，袭龙衣，魑魅魍魉四小鬼鬼鬼犯边，合手即拿。

上联“骑”字拆开为“奇”和“马”字，“张”拆“长”和“弓”，“琴瑟琵琶”四个字上面有八个“王”字，“八大王”意为八国联军。上联暗含侵略者不可一世的嚣张气焰。而清廷官员巧用了“魑魅魍魉”四个字中的“鬼”，“四小鬼鬼鬼犯边”意谓八国联军侵犯中国边境。“合手即拿”则有力地回击了八国联军的嚣张气焰，使挑衅者听罢愕然，充分显示了中国外交官的应对能力和聪明智慧。

辛亥革命后，袁世凯妄图称帝，改中华民国为“中华帝国”，改元“洪宪”，遭到全国人民强烈反对，对此人们写了一副讥讽袁世凯的析字联：

帝非帝，王非王，丢人缺德。

满不满，汉不汉，有共无和。

此联拆解“洪宪”二字，拆“宪”（繁体为“憲”）字，说上有宝盖却不是“帝”，中间像“王”又不是“王”，底下是“德”字的一半，也不是“德”，讽其“丢人缺德”。下联拆解“洪”字，偏旁虽有三点水，却非“满”非“汉”，“洪”字右边有“共”字，意谓“有共无和”。此联可谓颇费心机，嘲讽尖锐辛辣。抨击袁世凯的析字联还有一副：

或入园中，拖出老袁还我国。

余行道上，不堪回首问前途。

繁体“園”内嵌“袁”，把“袁”从“園”中拖出，再加入“或”，就成了“國”。而“老袁”谐音“老猿”，饱含轻蔑与憎恨，意谓袁世凯虽身居高位，不过是沐猴而冠。下联用同样的方法，“道”“途”二字部首相同为“辶”，“余”“首”皆在其上。“余”上“首”下就成为“途”，形象地刻画了袁世凯处于穷途末路的凄凉处境。

近代著名作家许地山的父亲许南英，是台湾著名诗人。许南英曾经遇到过一个名叫春娥的妓女，对她的不幸遭遇深表同情，为此还送给春娥一副对联：

一日一夫，一无了局。

是女是我，是亦前缘。

上联的“一日一夫”,恰好合成“春”字,是说你身为青楼女子,一天一个“丈夫”,何时才是尽头呢？下联“是女是我”,恰好又合成“娥”字,是说你（“女”通“汝”）我二人相遇，称得是前世有缘。上联饱含同情，下联规劝她从良，情真意切，又符合实情，可谓千古妙联。

西湖竺仙庵的一副门联也很有名：

品泉茶三口白水。

竺仙庵二个山人。

竺仙庵位于西湖天竺顶，庵边有个泉眼，泉水十分清冽。传说，有两个高人在庵中用泉水煮茶品尝，他们将自己品茶修性的清静生活写成对联悬于庵门。上联把“品”拆成“三口”,把“泉”拆成“白水”；下联把“竺”拆成“二个”，把“仙”拆成“山人”。整联将隐士在庵中的生活场景描写得惟妙惟肖，雅致朴厚，自然天成。可见，好的析字联，拆字巧妙，联律工严。语言曲折有致，意境妙趣横生，需对仗、析字、寓意三者兼美。因此要想写好一副析字联，不仅要扩展知识，而且要关注现实，更要有童心、童趣。

四、汉字与民间艺术

汉字熔象形、指事、会意、形声、转注、假借六法于一炉，其构造和思维是独一无二的，这在很大程度上弥补了单纯以抽象符号作为语言来传达信息的缺憾。从殷商时期的甲骨文不难看出，汉字是图画性很强的文字，通过美化汉字的外形，不仅产生了像书法这样的文字艺术，同时也衍生出了丰富的民间艺术，如剪纸、木刻、砖雕等。这些汉字民间艺术，不仅表现了老百姓对于中国古老神话、历史、民俗的理解与感悟，还反映了百姓对美好生活的祈盼与向往。

《关帝诗竹》

汉字民间艺术习惯将字隐藏于图画中，形成了“字在画中，画在字里”的艺术形态，如果不仔细辨认，可能会轻易地将其视为一幅普通的图画。如流于民间的《竹叶诗》(又名《关帝诗竹》)，初看是一幅瘦竹图，殊不知在两竿竹子交错的竹叶中竟藏着一首描写关羽的诗：“不谢东君意，丹青独立名，莫嫌孤叶淡，终久不凋零。”诗句中每一个字的笔画皆由大小不一的竹叶组成，结体疏密有致、收放自如，实为书画中的珍品。竹子的高贵品格深受传统士大夫们的青睐，由竹子组成的这首《竹叶诗》当然也暗合了关羽不攀附权贵的高贵品质。诗首句中的“东君”指的是曹操，“丹青”是指笔墨丹青，此处引申为留给史册的好名声，“不谢东君意，丹青独立名”是说为了留下忠义的名声，只能谢绝曹操的一番美意。“孤叶”指的是战败失利、势单力薄的刘备，末句“终久不凋零”意谓刘备终有一日还会东山再起，表达了关羽对刘备的一片赤忱真挚之情。明末清初，一位无名的民间画家仰慕关羽，遂巧妙地将这首诗藏进了竹叶之中。

汉字民间艺术最常见的表现手法是“嵌字入物、字物相依”，最早的代表便是秦汉时期的瓦当。瓦当，又名瓦头，是古代建筑中筒瓦顶端的圆形装饰物，产生于西周，至明清时，仍被大量使用。早期的瓦当上只有树木纹、动物纹等简单的纹饰，秦汉时的瓦当，则开始大量使用汉字装饰。如秦羽阳宫瓦当上有“羽阳千秋”的字样，西汉长陵宫瓦当上刻有“长陵西神”。很多瓦当还体现了统治者的政治意志，在瓦当上写有“汉并天下”“单于和亲”“千秋万岁”“与天无极”“长乐未央”“万寿无疆”等字样，字体有小篆也有隶书，笔势雄浑，整个当面庄重大方。还有不少瓦当，以线条化手法绘写汉字，将汉字还原成了文字画，字体灵动飘逸，字画同图，呈现出方圆合一的结构美。

秦汉时期的瓦当

古人说“金寿富贵之谓福”，很多汉字艺术表现出人们对美好生活的祈愿，如传统建筑中常见的禄字窗、喜字窗、福字窗等，便是此类。《尚书·洪范》云：“五福：一曰寿，二曰富，三曰康宁，四曰攸好德，五曰考终命。”在“五福”中，寿排第一，反映在石窗上，“寿”字窗占有相当的比例。“寿”字变化繁复，所以“寿”字窗的图案也非常丰富。往往用几何线条组成几何寿字，或在中间作圆形团“寿”字，周围环以几何线条。除了“寿”字外，“福”“禄”“喜”等吉祥文字也是石窗的主题。此外，“卍”字窗为民间百姓所喜爱，这是因为“卍”字相传是佛祖释迦牟尼胸部所现的瑞相，在佛教中意为“吉祥之所集”，所以“卍”字作为吉祥幸福的

民居“寿”字窗

象征,石窗雕此图案极多,在民间流传甚广。再如,由汉字组成的“五云图”“一帆风顺图”等,也是具有祈福意义的汉字民间艺术代表作。石砖“黄金万两”汉字图形,“黄”字的后两笔构成“金”字的人字头,而“金”字尾部的左右两点和一横又借用为“万”字的草字头,这种手法使字与字首尾相连,看上去像是一个聚宝盆里盛满了万两黄金。又如清代“寿”字食盒,一个“寿”字有许多山桃枝盘旋环绕而成,寓意丰富,粗老的枝干还传递出了对高寿老者的祝福和尊敬,字趣画趣相得益彰。最值得一提的是,清代版画“魁星踢斗”,其造型亦十分生动,鬼一手握笔,一脚右拐,正在踢斗,“魁”字恰好是由“鬼”字和“斗”字组成。传说魁星为北斗七星之一,魁星被人们奉为主宰文运的神。再者,古代科举考试五经取士,每经第一名为“经魁”,殿试第一名又称“大魁”也就是“状元”,因此“魁星踢斗”成了旧时文人士子们考试的启运图像。民间老百姓结合书法的独特美,把历史人物、神话故事、市井百态、花鸟鱼虫都嵌入汉字的空隙中,于是在所占有的空间里展开了一幅幅现实生活的生动图画。

民间汉字艺术,还体现了中华文化的核心价值观。如古钱币上的“唯吾知足”,四字共有一个“口”字,“吾”在上,“唯”在右,“知”在左,“足”在下,浑然大成,反映了百姓知足常乐的朴实心态。中国民间的汉字艺术异彩纷呈,是民间智慧的结晶,因此传承和发扬这些民间艺术,对复兴传统文化同样具有重要的现实意义。

招财进宝,黄金万两,唯吾知足

第七编　走向世界的汉字

文化，是一个民族的精神财富，它涵盖了一个民族的信仰、道德、习俗、法律、艺术、知识、价值观念的好恶与取舍，而汉字中就蕴含着先民对宇宙天地、自然万物的深刻体悟。所以，从汉字本身就可以洞察出汉文化中的神秘内涵和超凡脱俗的独特魅力，无论是我们的日常生活，还是社会风俗乃至商品经济，都离不开汉字的影响。在大小不一的龟甲兽骨上、形形色色的古老石器上、锈迹斑斑的青铜器皿上，那遒劲有力的一横一竖、一撇一捺，无不向世人彰显着中华文明的深刻与厚重。汉字雕琢了泱泱中华的每一个角落，也写进了每个中国人的内心深处。

一、汉字是世界上最古老的文字之一

汉字是中国人的一项重要发明，其效能与指南针、造纸术、火药等科技发明相提并论。我们知道，汉字不仅是世界上最古老的文字之一，也是世界上使用人数最多的文字。世界上最古老的文字还有美索不达米亚地区（即伊拉克）一带的楔形文字、古埃及的圣书字、玛雅人的象形文字以及印度的印章文字。世界上最先由原始社会进入奴隶社会的国家有古埃及、古巴比伦、古印度和中国，它们在人类历史上缔造了辉煌灿烂的文明和文化，因此被称为四大文明古国，是世界文明的摇篮。一个国家优秀文明的丰富与发展，少不了其文字发挥的巨大效用，文字不仅关乎一国文明之滥觞，更决定了一国文化之特质。

大约在公元前 3000 年前后，也就是埃及国王美尼斯统一埃及之后，埃及就有了可考的文字。最早的埃及文字也是一种象形文字，这些早期的象形文字大多是对自然万物和生活实物形状的描摹，呈现给我们的是许多大小形状各异的图画、符号。当然，随着时间的推移和日常生活所需，许多文字除了具有表意功能以外,还能表示一定的音节。埃及人习惯将猫头鹰叫作“姆”，它的图形形状不仅表示了猫头鹰，又表示了“M”的音节。所以，埃及的文字在后来逐渐演变成为兼具表音和表意功能的复合文字，即很多文字由字母、音符、图形、字义多个元素共同构成。古埃及人喜欢将字写在木头、树皮、石头、砖块、纸草上面，为了便于书写，埃及人开始不断简化文字，以致形成了三种字体：圣书体（正体）、僧书体（草体）、民书体（俗体）。早在公元前 305 年，亚历山大大帝的将领托勒密为自己加冕做了国王，建立了历史上著名的托勒密王朝。托勒密五世在发布诏书时，将圣书体、僧书体和民书

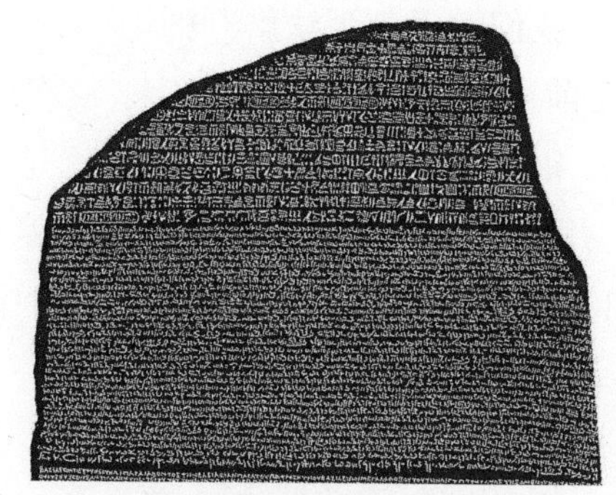
罗塞塔石碑局部

体刻在同一个诏书的石碑上。到后来，圣书体这类单纯的象形文字被刻在了神庙、纪念碑、金字塔等庄严神圣的地方，开始与民众生活相分离，而草体字和俗体字多书写于纸莎草纸上面，得到了广泛的运用。今天，当我们走进神秘、幽暗的古埃及神庙和法老陵墓时，都会被那些镌刻在墙壁、石柱、天花板上密密麻麻的象形文字所吸引。这些文字有的像精神矍铄的老鹰，有的像温顺伶俐的小鸟，有的像凶猛残暴的狮子，种种奇形怪状的图形让人不禁猜想：这些形态不一的符号是不是富有神力的法老咒符？公元前5世纪，著名希腊学者、历史学家希罗多德在周游埃及时对这些神秘而又古怪的埃及文字充满了好奇，他在巨著《历史》中认为埃及历史之所以叙述不明，很多原因就是因为人们无法识读象形文字。在很长时期内，“埃及字长埋于地，无人知晓”。直到1799年，拿破仑远征埃及时，法国士兵在尼罗河三角洲西部罗塞塔城城郊发现了一块神秘的石头，这块石头就是著名的“罗塞塔石碑”。罗塞塔石碑上面刻着三种不同的文字，这三种文字正是上述我们提到的圣书体、僧书体和民书体，人们试图着手破译这些神秘的文字，但都以失败告终。直至19世纪，语言天才让·弗朗索瓦·商博良在1822年到1824年间完全投入到对罗塞塔石碑的研究中，由于他精通希腊文、拉丁文和埃及文，也懂波斯文，很快便从这些希腊文字中判断出罗塞塔石碑上的石刻记录了公元前200年即位的年轻法老托勒密五世发布的命令与诏书。1822年，在巴黎科学院的会议上，商博良公布了他研究象形文字所取得的最新成果，从而破解了很多埃及文字之谜。然而事与愿违，让·弗朗索瓦·商博良这位年轻的学者此后不久就与世长辞了，年仅42岁。埃及文字自此也就成了尘封的历史，让我们很难认清它的原貌。在今天这个充满欲望与诱惑的时代，像让·弗朗索瓦·商博良这样的语言天才已很难出现，而神秘的埃及文字正如法老的墓穴一样似乎很不愿意让

让·弗朗索瓦·商博良

人们撕开它神秘的面纱，总是若隐若现，成了我们永远都无法解开的迷。

生活在两河流域的苏美尔人，早在公元前4000年就发明了文字。在公元前3200年前，也就是乌鲁克后期，产生了很多象形文字，这些文字就是楔形文字的雏形。两河流域由于植被稀疏，并不盛产纸草，于是聪明的苏美尔人便用黏土制成泥版，以此作为书写材料。苏美尔人用细小的木棍在未干的泥版上记录发生在他们身边的大小事件，这些泥版上的字大多是一端粗一端细，很像“钉头”，也很像“楔子”，所以人们把它叫作“楔形文字”。古巴比伦王国、古亚述、古波斯帝国都曾采用这种“钉头”字来作为自己的书写语言。然而，即便楔形文字为巴比伦王国带来了辉煌、灿烂的文明历史，但在公元前300年前后，它为顷刻覆灭的古波斯帝国殉了葬，从此销声匿迹，寿命不过近3000年。17世纪，意大利旅行家彼特罗·德拉·伐列在濒临波斯湾的古波斯都城宫殿废墟内的石板上，发现刻有许多形态各异的花纹，他认定那是一种铭文。到了1802年，德国古文字学家格罗特芬德研究了这些铭文文字，并译解了其中的一部分。1846—1851年，罗林森将波斯文与巴比伦文加以对照，译述了巴比伦的楔形文字。1901年，法国考古学家在伊朗的苏撒发现了汉谟拉比法典石碑，著名的《汉谟拉比法典》石碑上的文字正是楔形文字。就古埃及的圣书字而言，两河流域的楔形文字并没有那么神秘、难解，如今破译楔形文字已不是难事，但楔形文字封存已久，早已脱离了普通民众的视野。

以楔形文字写成的《汉谟拉比法典》局部

至于善于预言的玛雅人，他们使用的依旧是一种象形文字，并用这些象形文字预言了“世界末日”。玛雅人的象形文字盛行于5世纪中叶，玛雅文字是世界上最早的五种文字之一，它为玛雅文明的发展提供了有力的支持。玛雅民族是整个美洲唯一留下文字记录的民族，然而，16世纪，西班牙人入侵玛雅之后，玛雅文字就随玛雅王国一起毁灭了，它仅仅存活了1000余年。

如今的玛雅文字已成博物馆里的“化石”,只能供历史学家和文字学家们把玩、欣赏了。

古印度文字,被称为“哈拉本”文字,人们习惯上将其称为“印章文字”,因为这些文字被刻在一枚枚大小不一的印章上，距今已有 4000 多年的历史。我们在已经出土的印章中可以发现，很多印章文字都是象形字。印章大多是用象牙、黏土、石头、铜制成，印章上除了刻有文字之外，还刻有许多人们狩猎、娱乐的情景，这些图画和文字，蕴藏着深邃悠久的古印度文明。有学者认为印章上的文字属于印欧语系，但是很多最新研究结果表明它也许是达罗毗荼语。公元前 1500 年，雅利安人穿越兴都库什山脉从中亚迁徙到了印度河流域，而这次大规模的迁徙被视为一场侵略，导致了古印度文明的终结。至此，印度河流域开始使用雅利安人带来的外来语言，印章文字逐渐退出人类的历史。

中美洲玛雅文字

唯独中国的汉字，虽历经漫长的历史演进和改革，依旧生机勃勃，一直沿用至今。距今 7000~5000 年的仰韶文化被认为是华夏文明的源头，在西安半坡遗址出土的彩陶，被认为是仰韶文化的代表，很多学者认为，出土彩陶上或直或曲，大小不一的花纹可能就是最早的汉字。距今已有 5000~4000 年的马家窑文化位于今甘肃、青海等地，柳湾墓地出土器物上的描画符被认为极有可能就是汉字的雏形。山东莒县陵阳河遗址出土陶器上的象形符号，属于大汶口文化，距今约 4800 年，这些符号也被认为是汉字的雏形。英国斯宾塞提出，文字起源于图画。这一说法从 20 世纪初传入我国。旧石器时期已有图画记事的习惯。所以，刻契极有可能是最早的文字书写形式之一。目前，史学界较为普遍的一种说法是中国文字源始于殷商。因为殷商时的甲骨文已很成熟。任何事物总有一个从发生、发展到渐趋成熟的过程，汉字也一样，所以中国的文字的发生年代还可往前推。至于推多少年？有的主张至少上推 1000 年；有的主张推至夏末。提出最不同凡

马家窑文化彩陶罐

响之见的当属郭沫若，他在《古代文字之辩证的发展》一文中指出："汉字究意起始于何时呢？我认为，这可以以西安半坡村遗址距今的年代为指标。"由此可见，汉字已有近 6000 年的历史了。

据《太平御览》载，"桀将亡，太史令终古执其图书而奔于商"，夏代，文字不断发展。即便夏灭亡，但太史令终古执其图书而奔于商，将记有夏文字的文献保留了下来，这一点很不同于两河流域的苏美尔人，也不同于古埃及和古巴比伦王朝。综观世界上所有的古文字，之所以不知其所终，大多都与外族入侵、朝代更迭有关。中国 5000 年的历史上，经历了无数改朝换代和民族斗争，特别是近百年来以废除或取代汉字为目标的"汉字拉丁化"运动，使汉字经受了严峻考验。汉字虽历经沧桑，却依旧在今天表现出强大的生命力，这不能不说是世界文化史上的一大奇迹。正如安子介先生所说的一句名言："撼山易，撼汉字难。"所以，汉字在一定意义上就是中华文明的生命。5000 年的中华文明史说明了这一点，世界古文字的兴衰史也证实了这一点。正是由于有了汉字，中华文明才得以数千年薪火相传，才得以不断地传播到全世界继而影响人类历史的进步与发展。

二、汉字与民族大融合

一般情况下语言及语音的历史变异性都很大，但汉字却十分稳定。人类在原始社会早期创造了许多文字，最具影响力的有美索不达米亚地区（即伊拉克）一带的楔形文字，古埃及的圣书字以及玛雅人的象形文字等，随着历史的变迁都已相继消亡，在人类文明中，唯有汉字存活下来且愈加焕发光彩和活力。汉字虽历经沧桑,却一脉相承,尽管历史上有不少对汉字的重要改革，但汉字依旧异常坚挺，从未毁灭。汉字是我们国家政治、经济、文化大一统的基础和纽带。自秦始皇统一中国的2000多年来，中华民族经历了无数的治乱兴亡、分分合合，但最终也没有成为多个分裂的、有独立语言文字的国家,这与古罗马帝国、古巴比伦王朝相比是极为不同的。我国是一个民族众多、方言复杂的大国，受地理环境的制约，许多地方方言不一，语言不通，所以，被写出来的汉字成为众人交流的共同媒介。

值得我们注意的是，汉字从一开始就不是属于一个民族的专有文字，它不是汉民族的专利，而是众多民族不断交流、融合的结晶，正如东汉许慎《说文解字》所云，“南方蛮闽从虫，北方狄从犬，东方貉从豸，西方羌从羊”，足见汉字与其他少数民族的渊源。最初的汉字大多是一些简单的象形文字，我们常见的象形字如“日”“月”“山”“川”“人”“牛”“羊”“鹿”“象”等，无论是在汉民族使用过的甲骨文中，还是在各民族的原始岩画中，都十分相近、如出一辙。除此之外，汉字的其他造字法则，如形声、会意、指事等，与其余各民族的记事心理是完全相通的，加之汉字的产生与许多部落民族的图腾崇拜密切相关，无疑影响了中华民族共同的“造字心理”。汉字在本土的传播，有两种方向：第一种是向北传播，如契丹、女真、西夏等地；第二种是向南传播，特别向湘西、云贵一带，并形成了彝文、布依字、苗文、侗字等。

北宋之际，契丹建国，史称大辽。契丹语属阿尔泰语系，原本没有书写文字，辽太祖耶律阿保机命人参照汉字的笔画和结构创制了契丹文字。不仅如此，就连契丹的很多专名如太后、皇帝、太子等都直接借用汉字。直至金灭辽后，契丹文字便不再流行。而金太祖完颜阿骨打命完颜希尹等人模仿汉字的形制并承袭契丹文字，造出了女真文字，于天辅三年即1119年颁行，史称"女真大字"；后来，金熙宗新制"女真小字"，于1145年颁行。蒙古灭金后，女真文字仍旧通行于东北女真各部，直至15世纪中叶废弃。明末清初，女真人在蒙古文字的基础上创制满文，清建立后实行满汉文字并用之制。党项是中国西北的古老少数民族，北宋时期，党项建立大夏国，后世称为"西夏"。西夏文字共有约6000个之多,无一字与汉字雷同。《宋史》曾载："元昊自制藩书,命野利仁荣演绎之；字形体方整类八方,而画颇重复。"可见，西夏字系模仿汉字，字体及笔画结构都沿袭汉字体系，如"点、横、竖、撇、捺、提"等笔画基本与汉字相同。苗字"字无定量""字无定形"，有很多字也借鉴了汉字,如苗字中的会意字"㳠"替代了汉字中的"淌","矐"表示"睡"。除此之外，还有许多形声字，如"𠆢"代表"妇女"，"雭"表示"雨"。传统的壮文也是仿造汉字字型的文字，尤其是壮字歌本的写法大多借用汉字的十分之七八。但借用汉字所造成的壮字与汉字本意却有很大不同，如"丕"代表"去"，"恩"代表"个"，"周"代表"就"，"斗"代表"来"。

《夏禹书》中，总共只有12个字，但其中有5个是古彝文，7个是甲骨文，不难看出汉字对少数民族文字的借用程度。先秦时代民族融合不断加强，也推动了中原民族和少数民族地区文明的互动和发展。中华各民族在从原始社会向奴隶制社会再向封建制转型时，就十分热衷于学习汉文化，而且对儒家文化也情有独钟。从北魏的拓跋氏，到辽国的契丹族、金国的女真族、元的蒙古族、清的满族，都充分运用汉文化使自己的民族文化得以不断发展，这不仅促进了其部落民族的社会转型以及文明进步，还促进了中原民族和少数民族的大融合，甚至还促使许多少数民族建立起了称雄世界的亚洲王朝。此外，各民族的首领还特别注重引荐和招纳汉民族中的鸿儒和学者，从中学到了不少入主中原、巩固政权的"驭国术"。许多入主中原的少数民族，为了巩固统治，十分热衷于对汉文化的学习，唯恐使自己成为不学无术的“异端”。少数民族统治者的许多文化举措极大地促进了民族大融合，在民族大融合的大潮中，各民族以汉字、汉文化为纽带互相学习、互相切磋、互相包容、互相融合，使中华民族的文化达到了十分繁荣的程度，这无疑也促进了中华民族大家庭的巩固和发展，铸就了汉文化历久弥新、绵延不绝的不朽神话！

三、汉字的优势及信息化之路

论及汉字的优势，我们不妨先来看一篇短文：

石室诗士施氏，嗜狮，誓食十狮。施氏时时适市视狮。十时，适十狮适市。是时，适施氏适市。氏视是十狮，恃矢势，使是十狮逝世。氏拾是十狮尸，适石室。石室湿，氏使侍拭石室。石室拭，氏始试食是十狮尸。食时，始识是十狮尸，实十石狮尸。试释是事。

这篇文章名曰《施氏食狮史》，是中国著名“现代语言学之父”赵元任先生于20世纪30年代在美国写的一篇奇文，文章原题为《石室诗士食狮史》，同时赵元任还为此文写了一个英文标题“Story of Stone Grotto Poet:Eating Lions”，全文94字，后扩充为103字，连同题目7字，共110字，每个字的普通话音节都是“shi”，类似的例子还有很多，比如赵元任的另一篇作文《熙戏犀》：

西溪犀，喜嬉戏。席熙夕夕携犀徙，席熙细细习洗犀。犀吸溪，戏袭熙。席熙嘻嘻希息戏。惜犀嘶嘶喜袭熙。

再如杨富森的《于瑜与余欲渔遇雨》：

于瑜欲渔，遇余于寓。语余：“余欲渔于渝淤，与余渔渝欤？”余语于瑜：“余欲鬻玉，俞禹欲玉，余欲遇俞于俞寓。”余与于瑜遇俞禹于俞寓，逾俞隅，欲鬻玉于俞，遇雨，雨逾俞宇。余语于瑜：“余欲渔于渝淤，遇雨俞寓，雨逾俞宇，欲渔欤？鬻玉欤？”于瑜与余御雨于俞寓，俞鬻玉于余禹，雨愈，余与于瑜踽踽逾俞宇，渔于渝淤。

又如，赵元任的《季姬击鸡记》：

季姬寂，集鸡，鸡即棘鸡。棘鸡饥叽，季姬及箕稷济鸡。鸡既济，跻姬笈，季姬忌，急咭鸡，鸡急，继圾几，季姬急，即籍箕击鸡，箕疾击几伎，伎即齑，鸡叽集几基，季姬急极屐击鸡，鸡既殛，季姬激，即记《季姬击鸡记》。

《遗镒疑医》：

伊姨殪，遗亿镒。伊诣邑，意医姨疲，一医医伊姨。翌，亿镒遗，疑医，以议医。医以伊疑，缢，以移伊疑。伊倚椅以忆，忆以亿镒遗，以议伊医，亦缢。噫！亦异矣！

用一个发音来叙述一件事，除了中文，怕是再无任何语言能做得到了。从这一层面上讲，汉字的确有效地抑制了词汇的“恶性膨胀”。比如“之”这个字记录了“zhi”这个音节，而与“之”音节相同的字，《新华字典》就收录了250多个，如枝、栀、枳、栉、栚、桎、栺、梽、桅、椥、植、榰、樴、祇、祑、祬、禃、禔等。除此之外，古汉语中还有相当数量的“通假字”，有点古汉语基础的人都知道“诲女知之乎”中的“女”通“汝”；“便要还家，设酒杀鸡作食”中的“要”通“邀”；“矜、寡、孤、独、废疾者皆有所养”中的“矜”通“鳏”；“为天下唱，宜多应者”中的“唱”通“倡”；“欲信大义于天下”中的“信”通“伸”。从现行的《汉语拼音方案》来看，声母有23个，韵母有35个，两者相拼一共构成800多个单音节字；如果再加上声调，顶多也就约4000个单字。与汉语一样，日语中的假名也是音节文字，如日语平假名：あ、い、う、え、お；片假名：ア、イ、ウ、エ、オ。但假名并不和语义直接挂钩，因此它并不是纯粹的音节文字。我们知道，一个汉字正好是一个音节，字和字之间界限分明，且没有数、格、时、式、级等形态的变化，如果要表现时态，则使用特定的副词如“已经、正在、将”等，或助词“得、地、着、了”等加以解决。而日语是黏着语，有数、格、时等词形的变化，存在大量的词缀和附加语。再如我们比较熟悉的英语，主要是通过形态变化的方法来转化词性从而实现其语法功能。如汉语中的“是”，在英语中“是”会随着单复数、人称、主动、被动、过去、现在、将来、进行、完成时态的变化而变化，这在无形间又派生出了大量词汇。因此，在欧美国家，无论是生活还是学习，掌握较大数量的词汇是非常必要的。比如，一个掌握 3500 多个单词的美国高中生，只能自如应对日常生活交际，但假如让其读一些重要的报纸乃至周刊，还需再多储备 25000 个单词。在美国，一个已经大学毕业的职场人士，其词汇量一般不会少于 70000 个，这的确是一个不小的数字。而在中国，《康熙字典》总共收录的汉字仅有 47035 个，常用的字则更少，只有 3500 个。只要掌握了这些常用字，无论是学习还是生活，基本问题不大。但在欧美国家，新事物的涌现，总伴随着新单词的出现，如火箭（rocket）、计算机（computer）等。而在汉语世界中，火箭顾名思义是用“火”驱动的“箭”，计算机就是会“计算”的“机器”。可英文就不能这么组词，如果刻意组词，那么“火箭”将成为“fire-driven-arrow”，计算机则将成为“calculate-machine”，太长的词无疑会降低文章的阅读速度以及读者的理解能力。然而，汉语的单音字和词的双音化，使其构词能力极强。以新版《辞海》为例，只有 17000 多个字、词，这还不包括大量新词。即便汉字造了新字（如“囧”），这些新字既顾音，又顾意，识记和理解起来十分方便。正如安子介所说：“西方文字为了对付新生事物，要创造新词汇，应接不暇，英文词汇目前已达几十万之多。相反，汉字的字数比起古代却大有削减。”

除此之外，汉字还是一种“复脑文字”。表音文字是偏向于左脑的“单脑文字”，记忆仅仅存在于左脑中；而表意文字是与左右脑都有联系的“复脑文字”，记忆共同存在于左右脑中。经美国密苏里大学心理学研究实验室证明，汉语学习对左右脑协调能力的提升帮助很大，因此对数学学习也十分有利。我们知道，用汉语表示数，音素少、发音时间短，比如“11”，英文要读成“eleven”。据日本的科学家研究证明，长期使用表音文字，左脑功能会受到严重损伤，甚至会发生语言障碍。在欧美国家，约合 10% 的儿童患有失读症，这种病症的患儿在中国却极少，美国费城的心理学家甚至利用汉字来治疗失读症患儿，并且取得了很好的疗效。汉字作为一种方块字，可以传达丰富的信息，激发读者的联想和想象，对智力开发帮助很大。我国科学家指出，汉字信息熵的值为 9.65 比特，是当今世界上信息量最大的文字系统，而其他文字的信息熵分别如法文 3.98 比特，西班牙文 4.01 比特，英文 4.03 比特，俄文 4.35 比特。从以上数据可以看出，四种字母文字的信息熵比汉字的信息熵要小得多。

进入计算机时代以来，古老的汉字仍呈现出无限活力。有人曾断言，计算机是方块字的掘墓人。但从现有的上千种输入法来看，汉字的输入速度和准确率一点儿也不逊色于字母文字。联合国会议上通用六种文字，即英文、法文、俄文、西班牙文、阿拉伯文和中文。所有会议文件中，中文文件总是其中最薄的那本。在美国斯坦福大学曾举办的键盘展上，有学者指出，中文最初在数字化的过程中遭遇到了诸多难题，但随着电脑软件发展水平的快速进步，中文打字速度已经远远超过了英文。人们还做了一个实验，如果我们在键盘上用英文敲一个“a”，不会有任何提示，如果用中文输入，即会出现很多关联的汉字。美国计算机输入法研究专家马拉尼对此感慨道：“英文字母世界的自满文化让人难以置信。如果有人在长达一个半世纪的期间内都坚信字母键盘是自方包以来最伟大的发明，你很难去说服他们中文键盘比较好。”他认为，“有些人与其说是特别喜欢字母，不如说只是懒得去学习有效打字的新方法”，其实，汉字已经赢了。

四、汉字文化圈的形成与发展

“文化圈”其实是由相同文化特质、文化结丛的文化群体所构成的共同的人文地理区域。学术界普遍认为，古希腊、古罗马、古印度、中国等，都是具有强大文化扩散力的中心源地。受这些文化源地的扩散影响，人类世界逐渐形成了著名的五大文化圈，分别是：汉字文化圈、印度文化圈、东正文化圈、伊斯兰文化圈、拉丁文化圈。

值得注意的是，汉字文化圈不单指使用汉字或者曾经使用过汉字的区域，还包括承袭汉字文化传统的民族与国家。总的来说，是以儒家文化为构建基础的社会区域的统称，所以汉字文化圈又被称为“儒家文化圈”。日本学者西嶋定生认为汉字文化圈的形成要素有很多，但基本由以下几点组成：册封体制、汉字、儒学思想、大乘佛教、律令制。日本、泰国、缅甸、柬埔寨等位于汉字文化圈内的国家，至今仍然保留着上述传统，这点是毋庸置疑的。随着历史的不断发展和积淀，汉字文化圈内的国家基本形成了共同的“核心价值观”，即以儒家伦理构建社会的基本秩序，敬天奉祖，富有家族意识，关注现实，具有“实用理性精神”，特别重视仁、义、礼、智、信、忠、孝、廉、耻、节等美德。

韩国回归汉字文化圈

儒家文明的形成与发展，自有其深厚的历史积淀。当代著名学者陈炎先生指出："出于治理黄河的需要，华夏先民们在没有铁质农具从而私有制并不发达的情况下，借助氏族社会的血缘关系，以部落联盟的形式建立了早期的国家政权。尽管夏朝废除了早期氏族社会以推举、禅让来延续权力的民主制度，形成了以血缘因袭王位的世袭制度，但其内部的权力继承制度尚不稳固，其血缘关系也很难渗透到十一支姒姓氏族以外的部落群体。以周公为代表的西周统治者在充分吸取夏、商两代经验教训的基础上，创立了以嫡长子继承制为核心的宗法制度，并通过分封诸侯的形式使王室的血缘关系渗透到整个国家的势力范围，再通过'制礼作乐'来维护和巩固这种'家国一体'的社会形态。正是在这样的历史背景下，从亲子血缘关系出发，以'爱有差等'来论证'礼有别异'的儒学诞生了。"可见，儒家文化的正统地位也不仅仅是靠汉代儒生援引谶纬之说神化而成的，它的成熟完全得益于"亚细亚的生产方式"。如果说，"孔子的成功有赖于周公的铺垫，那么周公的成功则根植于夏、商、周三代的历史。正是由于早熟的'亚细亚的生产方式'完好地保存了早期国人的家族血缘关系，才使得儒学将家族伦理社会化的理论建构成为可能"。所以，"亚细亚的生产方式"是形成汉字文化圈的根本原因，从这一层面上讲，"汉字文化圈"又被称为"稻米文化圈""筷子文化圈"，其原因也就不难理解了。因为在日常生活上，汉字文化圈的人都食用稻米，喜欢品茶，使用筷子；礼仪服饰如汉服、和服、韩服、越服、琉装也是依照儒家文献制作；传统建筑既有严格的尊卑要求，又蕴含了"天人合一"的理念，有着非常相似的风格。

颇具日本特色的多久孔庙

越南河内文庙

除此之外，"亚细亚的生产方式"还促成了天文历法的成熟，而汉字文化圈内的国家都遵循着中国夏历及岁时祭享之俗。中国历法形成于夏代，故名“夏历”。自上古时代，就有“三正”之说，即夏正建寅（孟春正月），殷正建丑（季冬十二月），周正建子（仲冬十一月）。据《周书》记载，一年有春夏秋冬四季，再分十二个月及二十四节气，又以正月为岁首。周“行夏之时”的主要目的是为了传承“先圣要义”，中国历书如《礼记 · 月令》《吕氏春秋 · 十二纪》《管子 · 幼官》等都保留了夏时的岁令方案。中国的岁时月令在日本被称为“名节”，在韩国被称为“岁时风俗”，因此日本、韩国的许多历史、文学著作依旧以夏历纪年。在相同岁时的影响下，亚洲许多国家形成的民俗也十分相似。其实，自周代起中国就有男子二十岁行冠礼的传统，日本如今还保留着成人式，朝鲜亦有衣冠行礼制度。再如，中日韩三国婚礼都保留了六礼的习惯，即纳采、问名、纳吉、纳征、请期、亲迎。纳吉就是看男女的生辰八字，再如纳征即送彩礼的时间、亲迎即迎接新娘的时间都有极为严格的规定。丧礼亦有严格的程序和时间规定，而且丧服的等级也要按照戴孝人的地位、与死者的血缘亲疏来做出判别。和丧礼相关的祭礼，其规章、仪式也完全依照《四书五经》举行，如今中国的祭孔仪式、韩国的奠祭都是传统祭礼的延续。

在古代社会，上述民族或国家都保持着独立性，但他们当中不少在起草册封诏令等官方文件时常常将汉字与本国文字混合使用，如今的朝鲜语、越南语和日本语的词汇的多半以上都是由古汉语派生出的。再如，韩国的历史典籍几乎都是由汉字书写的，韩国很多的书法、绘画、瓷器、石碑都直接由汉字写成。韩语深受汉语的影响，在 50 多万个韩文单词中，70% 原本都是汉字词，如表示亲属称谓的父、母、子、女、祖、孙、兄、弟、姐、妹；表论理的道、理、孝、顺、安、平 、生、育；表动植物的牛、马、羊、鱼、草、花、松、竹、梅；表方位时令的东、西、南、北、中、春、夏、秋、冬；表数量的十、百、千、万、亿、兆、尺、寸、斗、升；表农作物的米、麦、粟、豆、农、桑；表器物的门、刀、车、船、弓、衣、屋、船、家、衣；都与汉字一模一样。而我们并不熟悉的越南文字，也是以汉字为基础，运用形声、会意、假借等造字方法，创造出的一种新型文字，又名喃字。越南很多习俗都沿用了中国传统的民俗，如春节贴春联、年画以及福禄喜寿等吉利字。再如越南的书法也离不开中国书法的熏陶。越南的文学名著，如阮攸的《南中杂吟》、法顺和尚的《国祚》、后黎圣宗的《洪德法典》、胡志明的汉字诗《狱中日记》，都体现了汉字文化对越南文学的深刻影响。我们必须清楚，汉字文化圈并不是一个固定不变的概念，下列地区有时也被列入汉字文化圈的范围，如新加坡华人聚居地、马来西亚华人聚居地、文莱华人聚居地区、泰国华人聚居地区等。1840 年鸦片战争后，中国的影响力减弱，朝贡体系下的各属国对汉字的地位开始怀疑，汉字逐渐成为“落后文化的象征”，很多国家颁布了废止汉字的政策。近几十年来，随着中国经济的快速发展，汉字的重要性再次被重新评估，那些过去属于汉字文化圈而在近代丢掉汉字的国家，也清醒认识到汉字的重要性，很多地区甚至出现了呼吁东亚统一使用《康熙字典》标准汉字的提议。这些现象都足以说明，汉字蕴藏着巨大的生命力，它不仅会继续影响汉字文化圈内国家的发展和亚洲局势，甚至也会直接影响到世界文化的格局与新形态文明的构建。

越南文庙国子监司业、儒学大师朱文安坐像

五、风靡全球的“汉语热潮”

《时代周刊》上有一句话似乎道出了当今文化与文明的趋向和主流：“如果你想领先别人，就学汉语吧！”这完全说明全球正在兴起“汉语热”大潮。汉语作为传承中华文明、传播中华文化的重要载体，不言而喻地成为世人最先关注的焦点。据不完全统计，2014 年，除中国外，全球汉语学习者已经超过 1 亿人，再加上说汉语的华人的数量，这将是一个不可小觑的群体。汉语作为当今世界最重要的三大工具语言之一（其余两种分别是英语和西班牙语），“汉语热”已成为全球语言交际系统中的一种普遍现象。随着中国经济的发展和综合国力的不断上升，越来越多的人开始把目光投到了中国这个有着五千年文明的东方古国，世界各地对通晓汉语的技术人才的需求量也在不断增加。中国的国际影响日益扩大，使世界各地的民众也更想了解中国，汉字与汉学也因此成为一门“显学”。所以，全球“汉语热”的背后有着深刻的社会动因。

美国普莱斯比大学孔子学院

当前，不少欧美国家已将汉语列入了“高考”外语考试选择科目之中，而在东南亚一些地区，人们甚至贴出了“汉语学习要从娃娃抓起”的标语。如今许多全球知名高校、跨国公司、国际媒体等有影响力的国际机构也开辟了中文网页，就连美国国务院也设有中文网页，对此美国信息局的工作技术人员感叹道：“随着近年来中美之间的不断合作和交流，美国人中掀起一股学习汉语文化的热潮，就像中国的重要官方网站不能不设英文网一样，美国也不得不设立中文网页。”美国《华尔街日报》《国家地理》和英国的《财经时报》都开设了中文网页专栏。近年来，海外学习汉语的人数激增，形形色色的汉语教材进入了许多国家的课堂，有近 100 个国家和地区、超过 2500 余所大学在教授汉语。以推广汉语和传播中国文化为宗旨的孔子学院，也获得了国际社会的广泛认可。如今，中国已在 140 个国家和地区建立了 511 所孔子学院，这是一个令人格外振奋的数字。

而今，世界各国已经掀起了如火如荼的汉语学习热潮。学习汉语的人数越来越多，参加汉语水平考试的人数也在不断增长。HSK 是测试母语非汉语者的汉语水平的考试，随着“汉语热”的兴起，HSK 已经成为全球汉语鉴定界的“中文托福”。截至 2014 年，HSK 在 1121 个国家设立了 860 多个考点，其中海外考点 530 个。

在英国，教育部为了提升英国学生的国际竞争力，原教育大臣琼森计划，中学生的必修外语课程不再局限德文、法文等欧洲语言，鼓励学生学习汉语、阿拉伯语等亚洲语言，以迎合世界经济发展的潮流。据报道，英国的普通中等教育考试中选择汉语的人数与 2001 年相比增加了 50%，更令人无法置信的是，在 2006 年，这一数量达到了 4000 人。

在法国，已经有 2 万人投入到了学习汉语的大潮中，200 所中小学已经开始教授汉语，学习人数也不断增加，尤其是当地的华裔子弟对法国的汉语学习起到了很大的推动作用，法国巴黎街头的一则广告中写道：“学汉语吧，那意味着你未来几十年的机会和财富。”

在加拿大，汉语即将取代法语，成为当地的第二外语。而在澳大利亚，汉语已俨然成为当地的第一外语，这也是值得我们的国民思考的一个文化现象。

在美国，不少学校也开设中文课程，有的甚至开设了“全汉语”授课课程。现在美国已经有近 30 个州开设了汉语班。在阿拉斯加州，有的学校的学生们甚至用汉语称呼“老师”。哥伦比亚大学还举办了大规模的“海外中国语言教学国际研讨会”，这次会议几乎招揽全球所有汉语言教学的佼佼者。更值得注意的是，全美汉语学习者的年龄呈年轻化趋势，这也是一个很重要的文化现象。

在非洲，汉语热也正在兴起，埃及、突尼斯、毛里塔尼亚等国已设有四年制中文专业，有的甚至开始招收中文专业的硕士生、博士生。

而在亚洲很多国家，汉语已经成为人们找工作、求生存的一个重要筹码，所以学习汉语的热潮一直不减。我们知道，日本文化原本就是汉文化的衍生，日本人自古就喜欢古诗和书法。而今，汉语的写作和运用能力已经成为当地升学考试的一个重要参照标准。日本本身就是一个爱学习的民族，在日本已经有 500 多所大学开设了汉语课程，接近 100 所大学还设有汉语专业，这足见日本对汉文化的高度重视。日本大学里，学习汉语的学生人数已超过学习法语、德语等语种的人数，仅次于英语和韩语。日本社会上有汉语培训班，有时由于人数太多，甚至时常报不上名。在韩国，汉语可见于当地的大街小巷，教育部规定韩国学生必须在中学六年掌握 1800 个常用汉字。如今，在韩国的商界，如 SK、LG 等知名企业，招聘时把汉语考试作为录取条件之一。更让人不可思议的是，在韩国监狱里也掀起了学习汉语的风潮，成绩优秀者可适当给予减刑。到目前为止，韩国留学生的人数是世界各国来华留学生中最多的，韩国媒体更是做了这样的评论："汉语将取代英语成为韩国学习人数最多的外语。"

然而，面对全球的汉语学习大热潮，中国人似乎还未来得及做好充分的准备，比如在编写适合各个国家的外国人学习的汉语教材以及培养高素质的对外汉语教师等方面就显得捉襟见肘。如今，汉语教师缺口较大，据不完全统计，马来西亚汉语教师缺口就达 9 万人，印度尼西亚则为 10 万人。预计 5 年内，在面对全球已逾 1 亿的汉语学习大军，中国需要培养 500 多万名汉语教师来应对，而目前符合标准的汉语教师仅仅 6000 人。不仅如此，国外的汉语教材都是由当地教师现编现用，缺少对汉语学习规律的把握和应用，还有许多地方的汉语教材没有及时更新，十分老化、陈旧，有些地方甚至用的是 80 年代的汉语教材，这给不少地区带来了汉语难学、汉字难认等诸多困难，更值得担忧的是，这些困难可能会造成汉语"热"而不"火"的局面，进而导致这一热潮的快速退去，终究落得昙花一现的局面。因此，想要进一步加强汉语推广工作，让汉语真正走向世界，首先必须加大政策、资金扶持力度，全面提升汉语学科的教学水平，加强汉语教学的基础性工作，研发高质量的汉语系列教材和教学方法，确保对外汉语教学质量的不断提高。尤其是在教材编写等方面，需要进行多边合作，取长补短。除此之外，还应掌握现代教育理念和教学方法，加强对对外汉语师资队伍、管理队伍和技术队伍的技能培养。

语言推广，必定伴随着文化的推广。全球化时代，是一个文化冲突与共生的时代。所以在学习汉字的同时，我们必须深入探讨以汉字为核心的中国传统文化中的哪些因素有利于现代化的物质生产和经济生活，哪些因素则有所阻碍。过去，人们以为物质生产的效率只与人的体力和智力投入有关，而与文化无关，实际情况并非如此。毋庸讳言，世界文化是多元共生的，通过语言文化的推广，可以进一步增进世界各国文化的融合与良性互动。如今，国家有关部门已经采取了一系列重要措施，加强汉语推广的工作力度，除了我们熟知的孔子学院外，还启动了“汉语桥”工程。近几年，国家不断加大对外汉语教学的投入，2005 年投入经费 5 千万元，2006 年投入经费达到 2 亿元，2017 年已经接近 20 亿元。

汉语在当今世界为什么这么热，这既有中国经济快速发展、综合国力日益增强的原因，也离不开中华文化几千年历史的沉淀和巨大的吸引力。汉字独具魅力，正如著名学者季羡林所说：“汉语是世界语言里最简练的一个语种。同样表达一个意思，如果英文要 60 秒，汉语 5 秒就够了。”“乡愁诗人”余光中先生感受颇深地说：“成就自己游子作家的利器就是母语。中文在握，就是故乡在握。中文是真正的中国文化之长城。汉字是世界上最美丽的文字！”作为中华儿女，学习和推广汉语任重而道远，这就需要每一个国人认真学习汉语，而不能再滞留于“轻汉语、重英语”的荒唐局面中。维护汉语，就是在维护文明古国的文化底蕴，这既是提升我国民族自信和文化自信的内在要求，也是顺应潮流的明智之举。